JUSTE UN MOMENT DE PAIX

MC. LAFAYETTE

Je rends ici hommage aux anciens de ma famille :

ma grande tante Louise
et surtout ma grand-mère Françoise.

Il y a des jours, des mois, des années
interminables ...

Il y a des minutes et des secondes qui contiennent
tout un monde.

Jean d'Ormesson

JUSTE UN MOMENT DE PAIX

Bruxelles 1958

Comme tous les dimanches depuis l'ouverture, Françoise et Louise viennent à l'Expo 58, l'exposition universelle. Il y a tout, absolument tout, dans ces quartiers nord de Bruxelles qui couvrent plusieurs dizaines de kilomètres carrés. Le monde entier s'est donné rendez-vous dans leur ville chérie. On peut y goûter toutes les cuisines du monde, on peut y boire toutes les boissons exotiques et on peut y voir tout ce que la planète fait de mieux et de merveilleux.

Il y a tellement de choses à voir que Françoise et Louise ont décidé de venir tous les dimanches. Heureusement, l'entrée est gratuite.

Françoise et Louise sont deux sœurs qui approchent de la soixantaine. Elles sont un peu rondes, mais sans excès. Elles ont une bonne nature et sont toujours prêtes à plaisanter, taquiner et rire. A se chamailler aussi ! Elles ont sortis les beaux habits du dimanche pour leur sortie dominicale. D'ailleurs, tout le monde fait pareil. C'est un véritable festival ! Les hommes sont tous en costume avec chemise blanche et cravate sombre, les chaussures sont cirées et les chapeaux sont nombreux. Les femmes ont sortis leurs plus belles toilettes, des plus simples aux plus sophistiquées.

Ah ! L'Expo 58 ! Depuis le temps que tout le monde attendait cet événement. Cela fait 23 ans que l'exposition universelle ne s'est pas arrêtée dans le pays.

*

La première exposition universelle s'est déroulée à Londres en 1851. Au gré des envies et des ambitions des pays organisateurs, cette immense foire se tient tous les trois ou quatre ans et rassemble le meilleur de chaque pays participant. Pour quelques mois, la ville organisatrice devient le centre du monde et draine des millions de visiteurs.

Au départ, l'Exposition Universelle était surtout une grande vitrine technique et scientifique et au fil des décennies, les arts et les modes de vie se sont invités dans ces grands rassemblements internationaux pour en faire une grande fête populaire.

Bruxelles accueille pour la quatrième fois, depuis sa création, l'exposition universelle. Les travaux de construction et d'aménagement ont commencé en 1952 et l'exposition devait ouvrir en 1955, mais des tensions politiques internationales, dues à la guerre de Corée, retarderont son ouverture. Finalement, le 17 avril 1958, le jeune roi Baudouin inaugure l'ouverture de l'Expo 58. L'exposition universelle restera ouverte jusqu'en octobre et accueillera plus de 40 millions de visiteurs. Les plus grands pays du monde ont répondu à l'invitation. C'est la première grande exposition depuis la fin de la seconde guerre mondiale et chaque pays veut montrer son plus beau sourire.

Les bâtiments et les pavillons, construits pour l'occasion, rivalisent d'originalité et d'ingéniosité. Le béton armé a été inventé et permet des constructions jamais imaginés auparavant. Certains existent encore aujourd'hui comme l'Atomium. Ceux qui n'existent plus, ce sont tous les magasins, les bars et les restaurants construits pour l'occasion et qui permettent aux visiteurs des journées entières de visites.

Au cœur des Trente Glorieuses, la population entre doucement dans la société de consommation et espère être à l'aube d'une période de paix, de prospérité et de progrès. L'O.N.U., l'O.T.A.N. et la communauté européenne viennent d'être créées. Des endroits où les politiques peuvent parler, plutôt que se faire la guerre.

Spoutnik voyage dans l'espace et envoie des "bips" vers la terre. Ce qui agace prodigieusement les américains. La rivalité dans la conquête de l'espace vient de commencer.

*

Toutes ces considérations sont superbement ignorés par Françoise et Louise. Elles sont venues pour se distraire et s'émerveiller. Elles regardent les incroyables bâtiments nouvellement construits, elles écoutent les représentants des pays lointains vanter leur climat, elles mangent et boivent de temps en temps.

Sur un prospectus distribué gratuitement à tous les visiteurs, une petite célébration, à peine remarquée, va attirer leur attention. Plus d'une centaine de critiques de cinéma de tous les pays présents élisent le "Cuirassé Potemkine", meilleur film de tous les temps.

Depuis la fin de la seconde guerre mondiale, Françoise et Louise sont devenues des acharnées du cinéma. C'est surtout le dimanche, en hiver, qu'elles y vont. Alors, quand elles apprennent que le meilleur film du monde est là, disponible à quelques pas, elles se précipitent, comme des milliers de curieux, dans l'unique salle de cinéma de l'Expo 58.

Elles s'installent dans de beaux fauteuils en velours rouge carmin. Elles font rebondir leurs fesses dans le confort de leurs sièges et se regardent en souriant, satisfaites du doux ressort. C'est beaucoup plus confortable que les fauteuils en bois du centre ville.

Les lumières s'éteignent et le film commence.

Après quelques minutes, Françoise et Louise commencent à soupirer : le film est muet et en noir et blanc. Avec violons et trompettes, la musique est envahissante. Les intertitres sont en russe avec des sous-titres en français. Elles continuent à soupirer, mais elles restent. Heureusement, le film n'est pas trop long … à peine une heure.

A la sortie, la plupart des spectateurs ressortent de la projection éblouis par la flamboyance d'Eisenstein, le réalisateur. Les autres ne disent rien, comme Françoise et Louise. Elles se contentent de soupirer en se regardant, mais elles n'en pensent pas moins.

A coté du cinéma, il y a une grande terrasse de café avec des tables et des chaises … et des places libres. Sans rien dIre, Françoise et Louise vont s'asseoir et commandent deux "Krieks", une bière locale parfumée à la cerise.

Louise commence à parler :

"Je préfère les films avec James Stewart …"
"Et moi, je préfère les films en couleurs …"
"Les films d'Hitchcock …"
"Les films parlants … où il ne faut pas lire …"
" … ou alors "Chantons sous la Pluie" … j'ai toujours adoré ce film …"
"Mais peut-être qu'on n'a rien compris."
"Ca doit être ça … on n'a rien compris."
"Heureusement, les fauteuils étaient confortables."
"Ah oui !"

Un voisin de table sur la terrasse s'adresse à Françoise et Louise :

"Excusez-moi, mesdames, si je peux me permettre."

Françoise et Louise font un signe de tête et l'homme continue :

"C'est vrai que le film est un peu vieux. Surtout si on le compare aux films d'aujourd'hui : parlant, en couleurs, en cinémascope, etc … mais ce film est un témoignage. Il nous explique comment la première guerre mondiale a commencé."

Louise répond : "En 1905 ?"
Françoise enchaîne : "Je croyais que c'était l'assassinat de Sarajevo !"

L'homme sourit et soulève un peu son chapeau: "Permettez-moi de me présenter : Jean Dubois." Françoise et Louise sourient et se présentent également.

L'homme continue :

"L'assassinat de Sarajevo est l'étincelle qui a mis le feu aux barils de poudre, accumulés pendant presque 10 ans. Le "Cuirassé de Potemkine" retrace des faits authentiques survenus dans le port d'Odessa en Russie. C'est fin juin 1905 que la mutinerie sur le bateau commence.

En cause ? De la viande avariée servie aux matelots, alors que les officiers du bateau reçoivent de la viande fraîche. Symbole de la société féodale russe de l'époque. La mutinerie enfle et devient une insurrection dans la ville.

Cette révolte, qui sera réprimée dans la violence et le sang, est le point d'orgue d'une série d'autres révoltes locales et de manifestations de rues, partout dans le pays. Tous ces événements entraîneront la promulgation d'une nouvelle constitution et de nombreuses réformes, sans vraiment satisfaire le peuple russe.

Le tsar, pour protéger l'état et ses pouvoirs, augmente les budgets militaires et les armées russes deviennent gigantesques. Cela fait peur aux allemands qui emboîtent le pas des russes et se réarment lourdement sur terre et sur mer. Voyant le développement de la flotte allemande, l'Angleterre lance un énorme plan de réarmement aussi et la France s'y met également.

En quelques années, toute l'Europe est armée jusqu'aux dents."

Françoise et Louise sont toute ouïe et boivent les paroles de leur conférencier personnel.

Jean Dubois continue :

"Après la politique s'emmêle. L'Allemagne se sent coincé entre la Russie et la France. Le Keizer d'Allemagne a signé la Triple Alliance avec l'Autriche-Hongrie et l'Italie. La France, l'Angleterre et la Russie sont liés dans le traité de Triple Entente. Et voilà ! Tout est en place pour une belle explosion. Tout le monde est armé ! Il ne manque plus qu'une petite étincelle et elle arrivera bientôt. Ce sera Sarajevo."

Françoise et Louise, un peu hébétées, restent sans voix.

Louise sort de son silence :
"Mais comment vous savez tout ça ?"

Avec un petit sourire, Jean Dubois se lève de table et saluent Françoise et Louise en soulevant légèrement son chapeau : "Je suis professeur d'histoire. Mais, vous savez, tout le monde n'est pas d'accord avec moi. D'autres disent que c'est la défaite de la Russie contre le Japon en septembre 1905. Mais je préfère ma version, elle est plus romantique. Excusez-moi de vous avoir dérangées." Et il s'en va.

Françoise et Louise se regardent et font les grands yeux avec une moue d'admiration.

Louise est la première à parler :
"On rencontre du beau monde ici."
Françoise répond :
"Oui, mais on aurait peut-être du plus écouter nos professeurs à l'école."
Louise lui répond : "On a quitté l'école avant la première guerre mondiale. Nos professeurs n'en savaient pas plus que nous ! Ils ne voyaient pas l'avenir !"
Françoise et Louise rient de bon cœur.

Après avoir réglé leurs consommations, elles partent vers le tramway qui les transportera près de chez elles. Une fois installées, elle continuent de parler et essaient de se rappeler de ce que Marcel leur avait raconté tant de fois : la vie avant la première guerre.

Marcel était leur beau-frère, le mari de leur sœur aînée. Avant la seconde guerre mondiale, il sautait sur chaque occasion pour raconter des histoires que ses deux jeunes belles-sœurs ne pouvaient connaître : la vie avant la première guerre mondiale, à laquelle il avait participé, ... et les premières révolutions industrielles.

*

Pendant plusieurs décennies, les révolutions industrielles successives avaient enrichi une classe bourgeoise, devenue dominante et les usines avaient vidé les campagnes : les métayers et les petits fermiers étaient partis vers les grandes fabriques. Les ouvriers étaient payés une misère pour 80 heures de travail par semaine. Ce maigre salaire était divisé par deux pour les femmes. Mais, au fil des années et par les déplorables conditions de travail, la colère grondait de plus en plus.

Marcel disait que la grande bourgeoisie industrielle rêvait d'un grand conflit pour éteindre les revendications ouvrières. Le nouvel eldorado industriel pouvait être l'armement. On fabriquerait tous les fusils et toute l'artillerie, mais aussi des millions de balles et d'obus.

*

Oui, tout cela Françoise et Louise se le rappellent très bien. Et elles se rappellent aussi l'insouciance de la vie qu'il aimait décrire avant la première guerre mondiale.

Pour Marcel, malgré la rudesse de la vie des ouvriers, tout le monde semblait heureux,. Les inventions et les progrès ne cessaient d'arriver : les premiers films muets, les premiers avions à moteur, les premières automobiles, … Jamais le monde n'avait semblé aussi riche et heureux. La force du progrès et ses élans semblaient inépuisables. Pourquoi cela s'arrêterait-il ?

C'est ce qu'il racontait Marcel.

Et pourtant !

*

Entre l'assassinat de Sarajevo et l'embrasement mondial du conflit, il y eut le mois de juillet 1914 et quelques jours en août … où le monde bascula pour toujours.

Quand le 28 juin 1914, l'archiduc François Ferdinand, héritier de l'empire austro-hongrois et son épouse sont assassinés à Sarajevo, par Gabriel Principe, un nationaliste serbe, les autrichiens considèrent ce meurtre comme un attentat à la monarchie de droit divin. Le reste du monde perçoit l'événement comme un fait divers. Personne ne se soucie de la poudrière balkanique.

Depuis longtemps, les Autrichiens veulent soumettre la Serbie et tous les slaves de la région, mais les Balkans bénéficient de la protection russe. Et la Russie, c'est Nicolas II, tsar de toutes les Russies depuis trente ans. Sa dynastie est à la tête du pays depuis trois siècles

Le 20 juillet 1914, en France, tous les officiers sont rappelés dans leurs casernes et trois jours plus tard, avec l'accord du keizer Guillaume II d'Allemagne, les Autrichiens lancent un ultimatum à la Serbie. Ils veulent que la police de Vienne enquêtent à Sarajevo sur l'assassinat. Refus de la Serbie

L'Autriche déclare la guerre à la Serbie.

Le monde a soudain peur de la guerre et le président américain Wilson, dans un discours officiel, confirme la neutralité de son pays.

Le 28 juillet 1914, Belgrade est bombardé par les Autrichiens. En réaction,
les Russes, protecteurs de la Serbie, amassent des soldats à la frontière Austro-Hongroise.

Le 30 juillet 1914, Guillaume II envoie un ultimatum à son cousin Nicolas II : "Il faut retirer les troupes russes de la frontière autrichienne".
Nicolas II ne répond pas et concentre encore plus de soldats.

Le 1er Août 1914, Guillaume II déclare la guerre à la Russie et mobilise les jeunes allemands à qui on remet les emblématiques casques à pointes, censés les protéger des coups de sabre. Les soldats allemands sont enthousiastes et veulent protéger leur pays.

En Russie, le tsar, vénéré comme un demi-dieu, demande au ciel la protection de la Sainte Russie. Raspoutine, proche du tsar et de sa famille, supplie Nicolas II de ne pas partir en guerre : "Ce sera la fin de la Sainte Russie et la fin de votre règne." Mais, en vain.

En France, Jean Jaurès, homme politique de gauche et pacifiste convaincu, appelle toutes les forces prolétaires d'Europe à ne pas répondre à l'appel des armées. Le lendemain, il est assassiné.

A Paris, les Français sont surtout intéressés par l'arrivée du Tour de France. Ironie, cette grande épreuve a commencé le jour de l'assassinat de François Ferdinand à

Sarajevo. Le temps d'un "Tour de France" et le monde bascule.

Le lendemain, dans tout le pays, les affiches de l'ordre de mobilisation générale sont placardées dans toutes les villes et tous les villages. Les français restent hébétés. Tous les hommes de 20 à 48 ans doivent rejoindre leurs casernes. Pourquoi ? Ils ne sont pas en guerre.

Mais le 3 août 1914, L'Allemagne déclare la guerre à la France, alliée de la Russie. Les Allemands déclenchent les plan XVII. L'objectif est d'envahir la France et de conquérir Paris.

La mobilisation est maintenant générale en Europe : 3 millions de français, 5 millions de russes, 4 millions d'allemands et 2 millions d'autrichiens.

Après 50 ans de paix sur le continent européen, aucun de ces jeunes hommes ne savent ce qu'est la guerre. Ils pensent à une aventure héroïque et viril, croient en la défense de leurs pays et sont sûrs d'une victoire prochaine, qui sera rapide. Personne n'en doute.

Avant que les Russes ne soient prêts et ouvrent un front à l'Est, les Allemands attaquent et envahissent la Belgique et le

Luxembourg pour mieux attaquer la France par le Nord.

Le 4 août 1914, le grand quotidien de Bruxelles, "Le Soir", titre en première page : "L'Allemagne viole la neutralité belge."

Suite à la violation du territoire belge, l'Angleterre réagit immédiatement et déclare la guerre à l'Allemagne. Mais les Allemands restent optimistes : les soldats anglais n'auront pas le temps de débarquer sur le continent que l'affaire belge sera déjà réglée.

Les allemands ont sous-estimé le roi des belges, Albert 1er : un vrai militaire au caractère bien trempé. La résistance militaire organisée par le roi et son état-major fait perdre de nombreux jours aux allemands. Mais la loi des nombres joue en défaveur des belges et ils doivent reculer. Non sans se battre et en détruisant leurs propres chemins de fer pour ralentir les armées allemandes.

Pendant ce temps en Serbie, les soldats austro-hongrois, qui pensaient ne faire qu'une bouchée des soldats serbes, s'enlisent dans le conflit et perdent des dizaines de milliers d'hommes.

Tout cela laisse le temps à l'Angleterre de se mobiliser et d'organiser sa force navale, sous les ordres d'un certain Winston Churchill. Sans service militaire obligatoire, l'Angleterre doit faire appel aux volontaires. Et cela marche ! En quelques jours, l'armée anglaise passe de 100.000 hommes à un million.

*

Louise se rappelle : "C'est le 12 août 1914. Marcel lisait, tous les jours dans le journal, les actes de bravoure du Roi. Et il a pris sa décision."

"Oui, c'est ce jour-là que Marcel s'est décidé." répond Françoise.

Avec quelques collègues de l'Atelier St Amand, ils vont quitter leur petite usine de chocolat pour rejoindre le Roi et son armée qui se replient vers Anvers, le grand port du pays. Après une victoire locale de l'armée belge contre les soldats allemands, Marcel est persuadé qu'il doit s'engager auprès du roi, qui défend pied à pied son pays et qui retarde, autant qu'il le peut, l'avancée des allemands.

Marcel est beau, grand, fort et il a les épaules larges. Il n'a pas de mal à convaincre ses amis. Il sait leur parler. "C'est une affaire de quelques semaines !" leur a-t-il dit. "C'est notre devoir. Il faut y aller."

Il a convaincu trois hommes de l'atelier : Alphonse, que tout le monde appelle Fons parce que c'est plus court, Jean, que tout le monde appelle Gros Jean parce qu'il est gros et Isidore, que tout le monde appelle Isidore, parce qu'il aime son prénom.

Le lendemain, Marcel et ses trois collègues, qui sont devenus ses compagnons de guerre, sont dans le train en direction de la caserne principale d'Anvers. Ils sont accueillis chaleureusement et on leur remet leur paquetage. Ils enfilent leurs uniformes et se familiarisent avec leurs armes. Ils ont tous faits leur service militaire de deux ans et il n'y a pas beaucoup à leur apprendre.

Quelques jours plus tard, Marcel apprend que les allemands ont bombardé les monuments historiques de Bruxelles et les petites villes autour de la capitale. L'armée du Keizer a envahi Bruxelles. Les autres grandes villes du pays sont assiégés et tombent les unes derrière les autres. Les massacres de populations civiles se multiplient. Marcel entre dans une colère noire.

*

Le général Joffre de l'armée française demande au roi Albert Ier de retenir les 150.000 soldats allemands autour d'Anvers pour alléger la pression sur son armée au Nord de la France. La mission sera accomplie grâce à l'artillerie lourde de l'armée belge. Pendant ce temps, Marcel, ses amis et tous les fusillés d'assaut se replient vers la Mer du Nord.

Le général Joffre ordonne la grande retraite de toutes les forces alliés sur la Marne pour construire une ligne de front continue. Le roi Albert Ier est appelé en renfort pour ne pas être pris en revers. Les armées françaises, anglaises et belges résistent et repoussent les armées allemandes.

Au mois de Septembre 1914, les sous-marins allemands, baptisés U-Boot, détruisent en partie la flotte britannique. Sur terre, les victoires allemandes se succèdent et ils sont maintenant à 50 kilomètres à l'Est de Paris.

Autour de Paris, l'artillerie allemande résonne à chaque instant, jour et nuit. Paris subit les premiers bombardements aériens, mais Paris se défend par tous les moyens - dans le ciel et sur la terre.

Au Nord et à l'Est de la capitale française, des milliers d'ouvriers travaillent aux fortifications de la ville. Malheur à l'aviateur allemand qui doit atterrir en catastrophe. Il est, en général, exécuté immédiatement par les travailleurs. A mains nues, avec des pelles ou des pioches.

Au nord de Paris, les français et les anglais repoussent les allemands et veulent rejoindre les forces belges pour constituer un front unique de défense. C'est la course à la mer. Ce sera la dernière opération de guerre de mouvement.

Le Roi et ses soldats ont fait reculer les allemands. L'armée belge a inondé la région d'Ypres en ouvrant les écluses à la marée haute de la Mer du Nord. Le fleuve de l'Yser a débordé et a créé un rideau quasi infranchissable de trois kilomètres de large et un mètre de profondeur. L'artillerie allemande a reculé. Opération réussie.

La liaison entre les armées alliées est faite. La course à la mer est une réussite. Plus de 600 kilomètres de tranchées, de la Mer du

Nord jusqu'à la Suisse, forment le front stratégique de combat entre les allemands et toutes les forces alliées. La guerre de mouvement s'est transformée en guerre de position.

Octobre 1914, après trois mois de conflit, la guerre a déjà fait plus de deux millions de morts. La guerre est devenue totale : sur terre, en mer et dans les airs. Toute l'Europe est à feu et à sang.

Et ce n'est qu'un début ! Au gré des traités, des alliances et des affinités, le guerre s'étend à toutes les zones géographiques de la planète : en Afrique, en Asie, en Amérique du Sud, ... Le conflit est devenu la première guerre mondiale !

*

Dans le tramway qui les ramènent chez elles, Françoise et Louise échangent leurs souvenirs et complètent leurs bavardages l'une l'autre ... Elles essaient de rassembler les petites histoires de Marcel ...

Françoise dit à sa sœur : "On aurait peut-être du noter dans un carnet toutes les histoires de Marcel. Ce serait plus facile aujourd'hui de se rappeler."

"On n'y a jamais pensé … ses histoires étaient tellement tragiques … on ne voulait pas s'en souvenir." répond Louise.

*

C'est l'automne, dans les tranchées du Nord de la France, à la frontière belge, Marcel croupit dans une tranchée boueuse. Le fleuve de l'Yser n'est plus assez large à cet endroit et il a fallu creuser … vite.

Personne ne sait encore que le conflit est devenu une guerre de position. Marcel non plus, mais Marcel creuse … de plus en plus profond. Il n'a pas envie de courber l'échine sans arrêt pour éviter les balles allemandes. Isidore, Gros Jean et Fons, ses voisins de tranchées, font pareil.

Mais les tranchées ne sont pas encore assez profondes. On entend régulièrement les balles allemandes sifflées au-dessus des têtes. Il faut faire attention. Alors, on continue à creuser jusqu'au bout de ses forces, jusqu'au bout de la nuit. Et demain, on recommencera.

Pendant la nuit, les tours de garde sont organisés. Toutes les heures, les soldats de garde sont relevés et ils vont s'asseoir dans la tranchée où ils tombent parfois endormis. De temps en temps, quelques balles sifflent encore, mais ce sont des tireurs isolés.

Tout le monde reste à l'affût. La nuit est dangereuse.

Le travail quotidien des soldats est répétitif : creuser la terre, installer un parapet avec des sacs de sables et renforcer leurs tranchées avec des grosses branches d'arbre.

Les jours, les nuits et les semaines se suivent et c'est bientôt la fin de l'automne. Le froid est déjà là. La pluie transforme les terres en boue collante et le froid gèle les doigts. Les tranchées sont maintenant profondes. Il y a même des tranchées arrières pour rejoindre sans risque les petites bases où se ravitailler et se reposer. Uniquement avec la permission d'un officier.

Des centaines de planches ont été débarquées dans les tranchées de Marcel. Elles sont jetées sur le sol comme un parquet de fortune. C'est moche, mais tout le monde s'en fout. Au moins, il ne faut plus marcher dans la boue.

Face aux allemands, à gauche de Marcel, il y a les soldats belges et les soldats écossais en renfort, et à droite il y a les soldats français. Et tout le monde creuse et toute la terre creusée est déposée du coté allemand, pour se protéger plus rapidement. Et encore des sacs de sable.

Au fil du temps, petit à petit, la vie misérable des soldats s'est organisée, mais elle s'est organisée dans l'ignorance. Personne ne sait pourquoi tout le monde se bat. On parle d'un prince autrichien assassiné en Serbie, des allemands qui envahissent d'autres pays, mais Marcel n'y comprend rien. Alors, Marcel commence à noter dans son petit carnet les idées qui lui passent par la tête. Il a toujours un petit carnet sur lui et, avec son carnet, un crayon qu'il taille régulièrement .

Aujourd'hui, il note dans son carnet : "Je m'en veux un peu d'avoir embarqué trois de mes amis dans cette galère. Tout le monde croyait en une guerre courte. Tout le monde se trompait. Je crois." Ce sera la note du jour.

La routine des corvées est maintenant quotidienne. Nettoyage des latrines, remplissage et réparation des sacs de sable, renforcement des structures en bois, vérification des armes et des balles : il faut tirer cinq balles par jour vers l'ennemi et essayer de toucher un soldat allemand ... de jour comme de nuit. En face, ils font la même chose.

Les tranchées ennemies et les tranchées alliées se font face. A peine quelques dizaines de mètres les séparent, parfois moins. Cette espace, c'est la "terre de personne", le "no man's land" et les soldats la protègent comme leur dernière fortune.

Dans le tumulte et les mouvements de troupes, Marcel et ses amis ne savent plus précisément où ils sont. La frontière n'est pas loin, mais de quel coté ?

Marcel trouve le temps long, très long, ... froid et humide. Les bâches et les couvertures sont gorgées d'eau. Il dort assis dans un trou qu'il a creusé dans la paroi de la tranchée à coté de son poste. Ses trois amis de l'atelier font comme lui ou montent la garde. Toutes les trois heures, c'est son tour de poser son fusil entre les sacs de sable et d'observer la tranchée ennemie.

Marcel rit régulièrement en voyant le haut des casques à pointes qui dépassent des tranchées allemandes. Cela ferait une très bonne cible, comme au tir aux pipes à la Foire du Midi. Quand un officier lui demande si il a déjà tiré ses cinq balles, c'est ce qu'il fait. Il tire sur la pointe du casque allemand. Tout le monde entend le clac métallique et tout le monde est content. Sauf les allemands. Pendant quelques heures, on ne voit plus les pointes de casques dépasser des tranchées.

C'est avec le sourire que Marcel note cette petite anecdote dans son carnet.

En cette fin d'année 1914, les paysages sont encore un peu civilisés. Au loin, il y a des prés et de belles fermes en briques . Il y a des couleurs autour des tranchées. Il y a le vert brillant de l'herbe, le jaune ocre des champs de blé et le rouge carmin des toits qui ont survécu à trois mois de conflit.

A la mi-décembre, les couleurs s'effacent lentement sous la neige et un manteau blanc commence à couvrir la plaine. Ce manteau annonce le froid et tout le monde grogne. Des couvertures supplémentaires sont distribuées et on fait bouillir les soupes dans les cuisines à l'arrière en espérant qu'elles arrivent tièdes dans la bouche des soldats.

Dans la tranchée autour du brasero, Marcel est assis avec ses amis : Fons, Isidore et Gros Jean.

Fons est à coté de lui. Fons est toujours à coté de Marcel. Fons est petit, faible, peureux et donc méchant. Il aboie souvent, mais ne mord jamais.   Fons est toujours à coté de Marcel … ou derrière. Il écoute tout, mais ne dit rien. Il attend que Marcel parle pour être d'accord avec lui. Cela agace Marcel, mais il ne réagit pas. Il se sent responsable. C'est un peu à cause de lui que Fons est dans les tranchées.

Fons est un petit rouquin sans grande intelligence. Les hommes n'aiment pas les roux, ils ont mauvaise réputation et les femmes n'aiment pas les petits. Fons n'a pas encore 25 ans et a déjà perdu ses parents. Ils se sont noyés dans une rivière où ils voulaient se rafraîchir un dimanche d'été. Marcel, aussi, est orphelin. Cela les a rapprochés quand ils allaient boire au troquet, après une journée à l'atelier. Fons est content d'avoir un copain.

Isidore n'est pas un prénom très répandu, mais Isidore aime son prénom et gare à celui qui l'écorcherait ou l'appellerait autrement. Marcel trouve qu'on devrait l'appeler "Moustache". Isidore a la moustache très fournie et en désordre. Il n'en prend pas soin. Sa moustache est une grosse broussaille pour cacher les dents qui lui manquent.

Après avoir fait quatre filles à sa femme Dorine, Isidore a décidé d'arrêter de faire des enfants. Cela fait assez de bouches à nourrir et il n'a pas d'âne qui chie de l'or. Tant pis, il n'aura pas de fils. Isidore et Dorine s'entendent comme larrons en foire. A tel point que certains les appellent les "Isidorine". Comme c'est sans méchanceté, Isidore tolère l'écorchure à son prénom. C'est la seule.

Gros Jean est gros. Tout le monde le voit. Gros Jean est le pâtissier amoureux. Il a grandi dans la pâtisserie de ses parents et s'est toujours régalé de toutes les bonnes choses sucrées qui ne lui étaient jamais interdites et toujours offertes. Il n'a jamais été maigre. Il a grandi dans l'insouciance du sucre, mais avec le courage du travail. Depuis ses 14 ans, il est aux fourneaux à 2 heures du matin. Quand il a eu 16 ans, il a additionné un travail à l'Atelier St Amand où il a rencontré Marcel.

A 18 ans, il est tombé amoureux d'Agnès, la fille du boucher. Agnès aussi est ronde pour les mêmes raisons que Gros Jean. On ne lui refuse jamais rien. A leur premier rendez-vous, Gros Jean a emmené Agnès sur l'étang de la ville dans une jolie barque blanche. Il a essayé de la faire sourire en plaisantant sur des futurs familiers : "On a presque un repas complet. Tu apportes la viande. Et moi les desserts. Il ne manque plus que les légumes." Agnès a ri et il a ajouté : "Nos enfants seront épiciers. Comme ça on aura un menu complet." Agnès a ri de plus belle."

Au fil des rendez-vous, Gros Jean et Agnès ont continué à rire ensemble, mais six mois plus tard, tous les jolis projets seront reportés : le prétendant part pour la guerre.

Marcel dit à ses amis autour du brasero : "Les gars, il faut qu'on trouve des choses à faire. Si on ne meurt pas d'une balle, on va mourir d'ennui."
"Ou de froid." répond Isidore.
"Peut-être, mais le froid ne dure qu'une saison."
Tout le monde est d'accord.
"Oui, mais quoi faire ?"
"On verra bien. Il faut être à l'affût." répond Marcel.

                              *

Françoise interrompt les rêveries cauchemardesques de Louise :
"Tu les a rencontrés les amis de Marcel ?"
"Non. Mais il en parlait souvent."

Marcel était beaucoup plus âgé que Françoise et Louise et il n'est déjà plus de ce monde[1]. Il ne reste que les petits carnets que Louise aimait parcourir quand elle était chez sa sœur aînée.

Louise a les larmes aux yeux et prend son mouchoir brodé pour s'essuyer.
Après quelques secondes, elle reprend le fil des histoires de Marcel et Françoise complète et ajoute des détails.

                              *

---

[1] voir "Le Baiser du Rat"

Un matin, le sergent Bonmariage arrive dans la tranchée. Il a une mission pour un soldat, le capitaine de la compagnie a besoin d'une estafette. Un gars qui passe de tranchée en tranchée pour passer les messages de l'état major. Marcel pousse Fons en avant. L'officier regarde Fons et Fons regarde Marcel. Marcel lui fait un signe discret et affirmatif. Fons accepte.

Le sergent Bonmariage dit à Fons : "A 14 heures, tranchée 303, bureau du capitaine." Et il s'en va.
Fons regarde Marcel avec mille questions dans les yeux. Marcel lui prend le bras et l'emmène à l'écart.

"Ecoute-moi, Fons. Tu comprends quelque chose à cette guerre ? Non. Moi non plus. Alors, voilà ce que tu vas faire : chaque fois que tu seras en contact avec des officiers, tu ouvres tes oreilles, tu écoutes tout. Et quand on te demande si tu parles français, tu réponds non. Comme cela ils parleront en toute liberté. Et tu essaieras de te rappeler de tout. Ensuite quand on se revoit, on en discute . D'accord ?"

Fons n'a pas tout compris, mais il est d'accord.
"Et puis, ça te fera quelque chose à faire, non ?" insiste Marcel.
Fons est encore d'accord.

Cinq minutes avant 14 heures, Fons se retrouve dans la tranchée 303. Il cherche le capitaine et c'est le capitaine qui le trouve :
"C'est toi la nouvelle estafette ?"
"Oui" répond Fons.
"Venez dans mon abri. Nous serons plus tranquilles."
Fons suit le capitaine.

A l'abri des premiers obus d'artillerie, l'abri est presque luxueux : on est au sec et il y a un brasero. Au milieu, une table et quatre chaises. Fons se serait bien assis, mais personne ne l'invite.

Le capitaine s'adresse à son aide de camp et lui donne des ordres pour préparer les papiers. Il se retourne vers Fons et lui demande : "Vous connaissez les numéros des tranchées ?"
Fons fait signe que non.
Le capitaine continue :
"Toutes les tranchées de 100 sont les premières dans la ligne de front. Les 200 sont les secondes et les 300 sont les troisièmes. Et entre ces lignes de tranchées, il y a des petits boyaux qui les relient. Facile, non !"

Fons fait un petit signe de tête et reçoit une enveloppe à remettre au capitaine Labrosse du second régiment français dans la tranchée 354. Fons part à travers les tranchées.

Après deux heures de marche, il arrive enfin et remet la grosse enveloppe au capitaine Labrosse, en prenant garde à le saluer militairement.

Le capitaine ouvre l'enveloppe et commence à lire. Il sourit, il grogne, il semble étonné parfois ... enfin, toutes les humeurs y passent. Il se tourne vers ses deux lieutenants et commence à parler :
"Voici les nouvelles de nos belges ..."
A ce moment-là, un de ses lieutenants fait un signe de tête pour indiquer Fons. Le capitaine se tourne vers Fons dont il n'a pas encore entendu la voix et lui demande :
"Vous parlez français ?"
Fons ne dit rien, ne bouge pas et fait juste une petite grimace d'ignorant.
"Très bien !" et il se retourne vers ses officiers.
"Ils n'ont que des flamands dans l'armée belge ?"
Tout le monde rit de bon cœur, sauf Fons qui n'est pas censé avoir compris, mais qui n'en pense pas moins.

Après de longues discussions, on remet à Fons une autre grande enveloppe qu'il va ramener à son capitaine.

Après deux heures de marche dans le froid et sous les sifflements de balles, il délivre son enveloppe à son capitaine et est délivré de ses responsabilités jusqu'à demain. Il part en direction de sa tranchée et croise le sergent Bonmariage : "Tout va bien, soldat Fons ?" "Tout va bien, sergent."
"Mission accomplie ?"
"Mission accomplie !"
"Très bien. Allez vous reposer."

Le sergent Bonmariage vient d'une famille de soldats. Les valeurs de courage militaire lui ont été enseignées depuis son enfance. Il voudrait être un héros et devenir officier, mais il est un peu déçu par la tournure que prend cette guerre et par la boucherie des premiers mois. Mais il est patient, les choses peuvent changer. En attendant, il s'occupe des hommes de son peloton. Tous les soldats ont reçu des numéros de matricule, mais il refuse de les appeler par leurs numéros, comme les autres sergents. Le sergent Bonmariage a appris par cœur tous les prénoms de ses soldats : il y en a trente deux ! Ils étaient cinquante, il y a trois mois.

Quelques minutes plus tard, Fons rejoint Marcel. Il s'affale à coté de son ami, dans un trou creusé dans la paroi de la tranchée. C'est déjà le soir, Marcel et Fons attendent la soupe en buvant un café tiède. Isidore et Gros Jean viennent les rejoindre.

Marcel commence à parler :
"Alors, comment s'est passé ta promenade ?"
"Froidement. Avec les balles au-dessus de la tête et la neige sous les pieds."
"Tu as pu apprendre quelque chose ?"
"Pas sûr. J'y comprends rien à tous ces charabias militaires. Mais, apparemment, il ne vont pas attaquer tout de suite."
"Bon. C'est déjà ça."
Fons soupire. Marcel continue :
"Ils savent que tu parles français ?"
"Non, j'ai fait l'imbécile."
"Je suis sûr que tu l'as très bien fait."

Fons lève les épaules et Marcel sourit à sa petite plaisanterie. Gros Jean et Isidore rient de bon cœur.

"Allez Fons, c'est pas bien méchant. Dis-moi, c'est comment les tranchées là-bas ?"
"C'est comme ici. Sale et puant. Et i y a des rats, comme chez nous. Mais il y a quelque chose qui m'a vraiment étonné. D'abord, les soldats français ont des pantalons rouges et puis surtout, ils n'ont pas de casques ! Tu te rends compte !"
Marcel n'en revient pas et Fons continue :
"Il paraît qu'ils vont bientôt recevoir les casques. Mais quand même. Quand on part

en guerre, faut prévoir l'équipement. Sinon, c'est la boucherie."
Marcel réfléchit.
"Nous, on a l'équipement et c'est quand même la boucherie."

Marcel dit vrai. Dans les tranchées autour de lui, il a vu, au moins, un quart des soldats morts ou blessés graves qui ne reviendront pas . Il ne connaît pas encore les vrais totaux des victimes, mais il se dit que lui et ses amis ont de la chance d'être toujours vivants.

Ce soir-là, Marcel note dans son carnet : "Première mission de l'estafette Fons. Les soldats français ont des pantalons rouges et n'ont pas de casques."

Encore quelques jours de froid et quelques nuits glaciales, dehors dans les tranchées :

Pendant la journée, Marcel, comme les autres, colmate, répare et renforce sa tranchée. Et il tire toujours cinq balles par jour. Il essaie aussi d'améliorer un peu son confort. Pendant la nuit, il s'endort assis, abruti de fatigue. Il n'est jamais loin du brasero. Fons non plus. Et Fons continue ses promenades à travers les tranchées alliées.

Un soir, au milieu de la nuit, Marcel monte la garde et regarde, entre les sacs de sable, la "terre de personne", sans conviction. Il se pose mille questions et il n'a aucune réponse. Il sent en lui la colère de l'ignorance et de l'inutilité.

Pour se calmer, il pense aux bals musette du samedi soir et aux jeunes filles qu'il aimait serrer dans ses bras durant les javas et aux nuits qui n'étaient pas toujours solitaires.

Il a la nostalgie du petit atelier de chocolat où il s'occupe de la maintenance des machines. Même si il rêve plus grand, il aime son métier. Le patron est un gentil et le chocolat l'a toujours fait sourire. Quand il raconte ce qu'il fait à l'atelier, on lui demande toujours : "Tu aimes le chocolat ?" Il répond simplement : "J'adore le chocolat."

Mais tout cela est fini maintenant.

Depuis le début du conflit, il est un simple soldat sous le haut commandement du Roi, qu'il a suivi dans toutes les batailles. Il fallait ralentir, à tout prix, la progression des allemands et défendre pied à pied les villes et les vallons. Chaque mètre comptait, mais les soldats ennemis étaient trop nombreux. Il fallait donc reculer, mais continuer à se battre.

Après trois mois de conflit, comme tous les autres soldats, il a creusé un trou et les trous sont devenus des tranchées ... de plus en plus profondes. C'est là que Marcel se trouve ... le cœur plein de mélancolie.

Le lendemain matin dans la tranchée 207, la neige fine et glacée continue de tomber sans répit, Marcel finit son café et le sergent Bonmariage s'approche de lui.

"Bonjour soldat Marcel."
"Bonjour sergent."
"J'ai un nouveau boulot pour vous."
"Ah."
"Je vous ai vu avec vos camarades. Ils vous écoutent. J'ai bien envie de vous promouvoir caporal. Qu'en dites-vous ?"
"Que du mal, sergent."
"Comment ça ?"
"Sergent, je n'ai pas l'âme d'un soldat et encore moins d'un caporal. J'ai simplement suivi notre Roi pour défendre notre pays. Et si mes amis m'écoutent, c'est parce que je suis responsable de la maintenance des machines à l'atelier où on travaille tous."
"Je comprends, soldat. Mais je suis déçu."

Après quelques instants, le sergent Bonmariage reprend :
"Si j'ai besoin de vous à l'arrière pour réparer quelque chose, je peux compter sur vous ?"
"Pas de problème, sergent."
"Marché conclu."
"Sergent ?"
"Oui ?"
"Vous ne pourriez pas faire quelque chose pour nous ? Pour nous laver ? Un peu d'eau tiède ? Du savon ? Ca fait plus de trois mois qu'on ne s'est pas lavé."
"Je vais voir ce que je peux faire."
"Merci sergent."

Le sergent Bonmariage tourne les talons et s'en va. Il est un peu contrarié. La promotion de Marcel lui aurait permis de se décharger de quelques corvées. Tant pis, il trouvera un autre soldat ... avec l'âme d'un caporal. Mais d'abord, il faut qu'il trouve des bassines, de l'eau chaude et du savon."

L'après-midi, Marcel note tout dans son petit carnet.

Gros Jean s'approche de Marcel et s'assied à coté de lui.
"Marcel, j'ai un service à te demander."
"Raconte."
"Tu pourrais m'écrire une jolie lettre pour ma petite Agnès ?"

"Je n'ai jamais écrit de lettre d'amour, Gros Jean."
"Mais tu sais écrire. Je te vois écrire dans ton carnet ... tout le temps."
"C'est pas la même chose."
"Je sais. Mais tu pourrais essayer ? Moi, je sais les mots, mais je ne sais pas les mettre en musique. Je suis sûr que tu peux."

Marcel regarde Gros Jean : "C'est d'accord. Tu me donnes tes mots et je les mets en musique. On en parlera ce soir, Gros Jean. D'accord ?"
"Merci Marcel."
"Mais tu fournis le papier, les cartes postales et les crayons !"
"Bien sûr."

Gros Jean repart guilleret et le cœur plein d'amour pour sa future fiancée.

Après le départ de Gros Jean, Marcel est pensif : il n'a personne à qui écrire une lettre d'amour. Ecrire pour Gros Jean sera un bon entraînement, le jour où ...

Après la tambouille du soir, Marcel et Gros Jean s'installent sur un banc de fortune. Le bois est sale, mais c'est mieux qu'avoir son cul dans la boue. Gros Jean commence à parler, mais Marcel l'interrompt :

"Tu as vu Fons ?"
"Non, il est en mission d'estafette."
"Et Isidore ?"
"Il est à l'arrière. Le sergent Bonmariage l'a envoyé là-bas."
"Bien. Allez, vas-y … raconte moi Agnès."

Gros Jean prend une inspiration : "Agnès est adorable. Elle est ronde comme moi et elle rit à toutes les bêtises que je lui raconte. Moi, je suis le fils du pâtissier et elle, la fille du boucher. Au troisième rendez-vous, j'ai embrassé sa bouche et avant de la quitter, je l'ai serré contre moi. On s'entend très bien et j'adore ses grosses joues roses."

Gros Jean s'arrête et finit par conclure : "Voila !"

Marcel est un peu atterré : "Si je mets tes mots en musique, cela va ressembler à une grosse fanfare avec trompettes et tambours."

Gros Jean veut se défendre : "Mais …"
"Ne t'inquiète pas, Gros Jean. On va trouver."
Gros Jean est déçu que Marcel ne partage pas son enthousiasme pour Agnès.

"Gros Jean, écoute-moi. Une lettre d'amour s'écrit avec harpes et violons, pas avec une grosse caisse. Il faut être léger et en même temps emporter son cœur. Il faut la convaincre que tu l'aimes."

Gros Jean, hébété et la bouche ouverte :
"Et on fait comment ?"
"Laisse moi réfléchir. Ce soir, je trouverai."
"Marcel, comment tu sais tout ça, toi ?"
Marcel regarde Gros Jean dans les yeux et touche le ventre de son ami avec le doigt :
"Pendant que tu mangeais des pâtisseries, moi je lisais."

Gros Jean sourit et Marcel jette sur le papier ses premières idées.

C'est à ce moment-là que Fons et Isidore reviennent de l'arrière.
"Comment ça va, les gars ?" demande Marcel.

Fons répond le premier :
"J'ai des nouvelles chaudes. Il paraît que les allemands préparent des convois pour amener de la grosse artillerie dans la région."
"Pas bon ça !" s'exclame Marcel.
"Mais la grosse artillerie ne devrait pas arriver avant l'année prochaine."
"Cela nous laisse du temps pour nous préparer. On devrait voir ça avec le sergent."

"Et toi, Isidore, quoi de neuf ?"

"Je suis devenu artilleur - mitrailleur … en une demi-journée. Viser, tirer, chargement des munitions et nettoyage. Je vais pouvoir envoyer des rafales sur les casques à pointe."

Et dès le lendemain matin, Isidore essaie sa nouvelle arme. Il n'y a pas de cible devant lui, il veut juste tirer et se vanter auprès de ses amis : "Je suis un vrai mitrailleur maintenant !"

Le sergent Bonmariage le rappelle à l'ordre :
"Economisez vos munitions, soldat Isidore."
"Oui, sergent."

Le sergent se tourne vers Marcel : "J'ai besoin de vous à l'arrière, soldat Marcel."
"Bien sûr, sergent. Je vous suis."
"Et vous, soldat Fons, allez voir si le capitaine a besoin de vous."

Toute la journée, Gros Jean et Isidore restent dans la tranchée à attendre et à faire la garde en espérant qu'aucun allemand ne les prenne pour cible. Entre l'ennui et l'angoisse de la mort, le temps est long et mortifère. Isidore, assis près de sa mitrailleuse, garde la main sur sa nouvelle arme et Gros Jean ne fait rien. Il pense à Agnès, il pense à ses parents, il pense aux bons gâteaux de la pâtisserie. Il regarde les flocons de neige tomber. Il n'a pas envie de faire quoi que ce soit.

En fin de journée, la bande des quatre est réunie et personne n'a rien à dire. On mange en silence. Tout semble leur tomber sur les épaules : la neige, la nuit, l'ennui et la peur de mourir.

On organise les tours de gardes pour la nuit. Isidore a pris le premier tour de 22 heures à minuit, ensuite ce sera Marcel.

Le premier tour de garde est calme et à minuit Isidore réveille Marcel qui le rejoint au poste de garde, caché derrière les sacs de sable.

"Tout s'est bien passé ?" demande Marcel.
"Tout est calme. Faut croire qu'ils sont tous entrain de dormir en face."
Marcel ricane : "Je ne crois pas."

Soudain, Marcel et Isidore entendent un clocher. L'église doit être loin. Le son est faible, mais continu. Pendant plusieurs minutes, les trois cloches sonnent. Ses camarades de tranchée se réveillent et viennent écouter la musique des cloches. Ils comprennent enfin. C'est Noël ! Ils commencent à sourire. Certains regardent les étoiles dans la nuit noire, puis regardent la misère de leur tranchée.

Sans enthousiasme particulier, les soldats se souhaitent "Joyeux Noël"; quelques uns se font l'accolade. Les soldats sourient à leurs compagnons d'infortune. Le sergent Bonmariage arrive et sort une bouteille de gnole et ordonne à tous les soldats : "A vos gobelets !" Tout le monde s'esclaffe et présente son récipient. Le sergent verse une rasade de gnôle dans les verres métalliques. Les soldats trinquent. Quelques soldats commencent à rire et tout le monde boit.

Un soldat part entre les tranchées 200 et 300 et arrache un des derniers buissons restants. De retour dans la première tranchée, il collecte quelques bougies auprès des autres soldats, construit un petit arbre de Noël en taillant quelques branches et allume les bougies.

"Et voilà ! C'est Noël !"

Un sourire triste se fige sur les visages sales des soldats. Personne n'avait imaginé passer Noël ici. Ils font tous le vœu secret que ce sera le premier et le dernier Noël dans les tranchées.

Après un petit instant, quelques gobelets vides claquent entre eux.
"Sergent, ça sonne creux !" s'exclame Marcel.

Le sergent se retourne :
"Attention les gars. Faut pas être saoul.
Y'en a d'autres en face qui ne nous aiment
pas beaucoup. Faudra être capable de viser
encore toute la nuit."

Marcel, soudain inquiet, monte les
premières marches de l'échelle de son
poste de garde pour voir si il se passe
quelque chose sur la "terre de personne". Il
ouvre de grands yeux et appelle son
supérieur :
"Sergent Bonmariage, venez voir."

Le sergent monte à l'échelle voisine et voit
le spectacle de l'autre coté du "no man's
land", chez les allemands : des dizaines de
petits arbres de Noël coincés entre les sacs
de sable et des dizaines de petites
chandelles.

Aussi loin qu'ils peuvent voir les tranchées
ennemies, il y a ces petits arbres, ou ces
petits buissons. Et il y a aussi des
chandelles allumées.

Marcel ne peut se retenir : "C'est beau !"
Et le sergent Bonmariage répond : "C'est
Noël pour tout le monde !" puis il se
retourne vers les gars de sa tranchée :
"Passez-moi l'arbre de Noël et les
chandelles."

Il écarte quelques sacs de sable, enfonce le petit arbre de Noël et pose les bougies tout autour. Bientôt dans les tranchées voisines, tous les soldats font la même chose. Les français, les anglais et les belges brandissent eux aussi fièrement leurs petits buissons entourés de bougies. Le spectacle est lumineux et féerique.

Tous les soldats sont montés, ou sur les escabeaux, ou sur les premières marches des échelles et admirent les petites lumières vacillantes.

Soudain, "Douce Nuit" retentit, mais chanté en allemand :

Stille Nacht! Heilige Nacht!
Alles schläft; einsam wacht
nur das traute heilige Paar.
Holder Knab' im lockigten Haar,
schlafe in himmlischer Ruh!

Tout le monde écoute le chant de Noël. Ils ne comprennent pas les paroles, mais ils reconnaissent l'air et ils font silence.

Quand le chant allemand s'achève, personne ne bouge, personne ne parle, mais soudain, venant des tranchées alliées le même chant chrétien commence à résonner :

Douce nuit, sainte nuit,
Dans les cieux, l'astre luit.
Le mystère annoncé s'accomplit
Cet enfant sur la paille endormi
C'est l'amour infini

Pendant le chant, partout apparaissent des drapeaux blancs, plantés entre les sacs de sable, ce sont des mouchoirs accrochés à un bout de bois. Tout le monde comprend. On fait la trêve.

Venant de loin, tout le monde entend le début d'une prière, une prière en latin, le langage universel du christianisme.

...
Seu stella partum Virginis Coelo micans signaveris, et hac adoratum die præsepe Magos duxeris.
Vel hydriis plenis aqua vini saporem infuderis : hausit minister conscius quod ipse non impleverat.
Gloria tibi, Domine, qui apparuisti hodie, cum Patre et Sancto Spiritu, in sempiterna secula. Amen.

Soit que Vous annonciez au Ciel l'enfantement de la Vierge par une étoile

*étincelante, et conduisiez en ce Jour les Mages à la crèche, pour Vous adorer ;
Soit que Vous donniez la saveur du vin aux amphores remplies d'eau, et fassiez goûter au serviteur la liqueur qu'il n'y avait pas versée.
Gloire à Vous, ô Seigneur ! Qui avez apparu aujourd'hui ; gloire à Vous avec le Père et l'Esprit divin, dans les siècles éternels.
Amen.*

"Quel est cet homme de foi perdu parmi nous ?" se demande Marcel.

Isidore s'est agenouillé sur une planche en bois, face contre le paroi. Parfois, il lève les yeux au ciel et supplie. Marcel, étonné, regarde Isidore dans l'exercice le plus simple de sa foi : la prière.

Fons et Gros Jean sont assis sur un faux banc de bois. Ils ont la tête baissée en signe de respect.

Au loin, les soldats, ennemis et alliés, sortent prudemment des tranchées et se retrouvent sur la "terre de personne". Ils parlent, se serrent la main, partagent la gnole et trinquent. Marcel et ses amis, cachés dans leurs tranchées, regardent ce spectacle improbable.

Fons : "On y va ?"
Les autres sont prêts à y aller, sauf Marcel
:
"Moi je n'y vais pas, mais allez-y si vous voulez."

Le sergent Bonmariage a tout entendu :
"Vous ne voulez pas faire la paix, soldat Marcel ?"
"Ce n'est pas la paix ! C'est une trêve, une trêve de Noël. Alors je ne tire pas."

Quelques secondes de silence et Marcel reprend :

"Ceux d'en face sont ceux qui ont envahi mon pays, qui l'ont mis à genoux, qui ont massacré des civils … alors, c'est le cessez-le-feu … je veux bien arrêter de tirer, mais c'est tout."

"C'est raisonnable, soldat Marcel. Ceux qui veulent se promener sur la "terre de personne" peuvent y aller."

Quelques soldats, avec Isidore, Gros Jean et Fons mais sans Marcel, montent les échelles et sortent des tranchées. Ils avancent timidement dans le "no man's land". Ils ont tous gardé leurs fusils, la bretelle accrochée à l'épaule et la crosse vers le haut.

De loin, ils commencent à saluer les autres, les allemands. Un simple petit signe de la main. Puis, la poignée de main et ensuite l'alcool. Avec beaucoup de difficultés, ils essaient de se parler.

Pendant quelques heures, il y a des soldats des deux fronts dans le "no man's land". Depuis sa tranchée, Marcel note tout ce qu'il peut noter dans son carnet.

Au loin, un coup de feu retentit. Tout le monde se retourne vers la source du bruit, mais il ne se passe rien. C'est peut-être simplement un avertissement, la fin de la récréation. Les soldats retournent lentement vers leurs tranchées respectives. De loin, ils se saluent.

Isidore est le premier à descendre dans la tranchée. Il voit Marcel prendre des notes et lui dit : "Bah ! C'est pas des mauvais bougres. Ils sont comme nous : ils obéissent aux ordres."
Marcel réplique :
"Oui et demain, ils auront l'ordre de nous tuer."
Fin de la conversation.

Tout le monde s'installe pour dormir quelques heures. Avec les ventres remplis d'alcool, le sommeil sera lourd.

Le lendemain, les drapeaux blancs sont toujours plantés dans les sacs de sable : nous sommes le 25 décembre 1914 et c'est la trêve de Noël.

Après avoir noté encore quelques détails dans son carnet, Marcel commence à écrire pour Gros Jean, qui est venu s'asseoir à coté de lui.

Les cantiniers débarquent dans la tranchée avec une grande cuve fermée. Les soldats, curieux, s'approchent. Quand les hommes de la cantine libèrent le couvercle, une délicieuse odeur de chocolat chaud envahit la tranchée et les narines.

Chacun sort son gobelet et attend son tour. Les gobelets se remplissent rapidement et les soldats retournent à leur petite assise pour déguster ce luxe inouï d'un chocolat chaud.

Plus qu'aucun autre, Marcel est aux anges. Les plus beaux souvenirs chocolatés lui reviennent à l'esprit, en songes, en rêves et tout en désordre. Il boit par petites gorgées pour faire durer le plaisir.

Le sergent Bonmariage arrive dans la tranchée :
"Joyeux Noël à tous mes soldats."
Et tout le monde lui répond :

"Joyeux Noël, sergent."

"J'ai une surprise pour vous !"
Il se retourne et fais signe aux infirmiers d'approcher. Ils apportent de grandes bassines en émail blanc, d'immenses cruches d'eau chaude, du savon et des serviettes.

"Ne vous battez pas. Organisez-vous et profitez que les balles ne sifflent pas au-dessus de nos têtes."

Le sergent repart avec les infirmiers et quelques soldats à l'arrière pour revenir quelques minutes plus tard avec de nouveaux uniformes, des bottines neuves, des ceinturons propres et des boucles brillantes.

L'accueil fait au sergent, et aux hommes les bras chargés, est extatique.

"Pour le sergent : Hip Hip …"
"Hourrah" … hurle tout le monde en chœur.
Trois fois de suite, le sergent Bonmariage est célébré.

D'un air taquin, il dit à ses hommes :
"Et j'ai les tailles et les pointures pour chacun de vous."
Quelques cris résonnent encore dans la tranchée et, déjà, le sergent repart à

l'arrière avec son équipe pour revenir avec de nouvelles grandes cruches d'eau chaude.

Les infirmiers, qui ont moins de travail depuis que les hommes ont arrêté de tirer, installent les cinq belles bassines blanches sur des planches en bois le long des parois de la tranchée. Les serviettes et le savon sont disposés entre les bassines . L'eau chaude, belle et transparente, est versée et la première vague de soldats commencent à se déshabiller jusqu'à la ceinture.

Quelques uns grelottent, mais ils s'habituent vite.

Les pantalons se baissent et on savonne les parties joyeuses. Vient ensuite les pieds que tout le monde lave, ils en ont bien besoin.

L'eau des cinq bassines est remplacée continuellement. La nouvelle eau chaude arrive pour remplacer les eaux usées par la crasse des soldats. Les eaux noires sont jetées par-dessus le parapet dans le "no man's land".

Dès qu'un soldat est propre, il passe à coté et reçoit son nouvel uniforme, son linge de corps, ses nouvelles bottines et son ceinturon. Avant de s'habiller complètement, certains se rasent. Ils veulent être beaux.

De la tranchée émane une vapeur particulière et une odeur originale, un mélange de savon et de crasse boueuse, jamais sentie auparavant.

Après une heure d'ablutions chaudes et joyeuses, tout le monde, ou presque, soupire de plaisir. Seul Gros Jean n'est pas passé à la bassine.
Marcel l'apostrophe : "Ben alors, Gros Jean, on n'aime pas le savon ?"
Gros Jean fait la grimace et Marcel vient s'asseoir près de lui :
"Qu'est ce qu'il se passe ?"
"Ils vont se moquer de moi et de mon gros ventre."
Marcel réfléchit :
"Passe le dernier. Fons, Isidore et moi, on te cachera. D'accord ?"
"D'accord."

Et ainsi fut fait. Les trois amis de Gros Jean formèrent un paravent imparfait pour permettre à leur ami d'être nu et de ne pas devoir subir les moqueries des autres.

Devant le ridicule de la situation, Marcel dit à Gros Jean :
"Frotte bien partout ! T'es le dernier à ne pas sentir le savon !"
Le paravent imparfait est secoué de rires.

"Vous en faites pas, les gars. Je frotte."

*

Françoise et Louise éclatent de rire dans le tramway.
"J'aurais bien voulu voir ça !" dit Louise
"Moi aussi. Mais uniquement ce jour-là. Ce jour de Noël de 1914."
"Oh oui. Les pauvres, ils ne savaient pas encore qu'ils allaient rester dans leur trou pendant plusieurs années."
"Quand Marcel a compris que cela allait durer beaucoup plus longtemps ?"
"Je ne sais pas. Plus tard, sans doute. Tu as toujours de l'espoir. Puis un jour, tu abandonnes. J'imagine."
"Pauvre Marcel, il n'a pas eu beaucoup de chance dans sa vie."
"Oh ! Il a rencontré notre sœur."
Françoise et Louise se sourient et continuent à se rappeler les histoires de Marcel.

*

Après cette épisode de propreté, de la tranchée ne vient que les vapeurs de l'eau chaude mélangées à la fumée de tabac avec des soupirs de contentement. La plupart des soldats sont silencieux. Certains peaufinent le travail en se coupant les ongles, d'autres en se taillant la moustache.

Ils sont abrutis par l'eau chaude et la crasse qu'ils ont décollé de leurs corps et leur peau semble les rendre vulnérables, comme si ils étaient nus. Ils s'étaient habitués à leurs corps crasseux et puants, à leurs uniformes boueux et abîmés et maintenant une nouvelle vie semble commencer, mais ils sont toujours dans leur tranchée, englués dans un conflit sans raison apparente. Heureusement, les petits drapeaux blancs sont toujours plantés dans les sacs de sable. Protection symbolique contre la barbarie.

Dès le lendemain, Fons doit repartir en mission d'estafette. A son retour auprès de ses amis, il ne peut se retenir. Il doit leur dire :
"Les nouvelles ne sont pas bonnes, les gars."
Les trois amis se rapprochent de Fons.
"Ca barde dans le commandement. Ils n'ont pas aimé qu'on fasse ami - ami avec les casques à pointe."

"Il va y avoir des représailles ?" demande
Marcel.
"Oui." répond Fons."Ils vont déplacer des
troupes vers le front de l'Est."
"On est concerné ?" demande Gros Jean.
"Non. Apparemment, d'autres ont fait
beaucoup plus que nous : certains ont joué
au football, d'autres se sont carrément
saoulés avec les allemands. Il paraît même
qu'un allemand a chanté de l'opéra ... au
milieu de "la terre de personne"."
"Ca va chauffer. Y'a pas de doute." dit
Marcel.

Marcel monte sur une échelle pour regarder
de l'autre coté : les drapeaux blancs sont
toujours là et les petits arbres de Noël
aussi.

Il redescend et se tourne vers ses amis :
"Apparemment, la trêve n'est pas encore
terminée."
Tout le monde sourit.
"Cela pourrait durer jusqu'à la Saint
Sylvestre."
"Espérons. C'est toujours ça de pris sur la
guerre."

Pendant quelques jours encore, les soldats
ne tirent pas. Ils flânent, se promènent,
parlent entre eux, se réchauffent autour du
brasero, jouent aux cartes. La vie serait
presque douce, si il ne faisait pas si froid.

Marcel vient de terminer le brouillon de sa première lettre d'amour et appelle Gros Jean.

"Gros Jean, je vais te lire mon brouillon de lettre. Si tu aimes, tu recopieras au propre."
"Merci, Marcel."
"Ne me dis pas encore merci … si ça tombe, tu n'aimeras pas."
"Je suis sûr que ce sera très bien."

Marcel commence à lire :

Ma bien aimée, Mon Agnès,

Malgré les souvenirs tendres et doux, je me sens encore et toujours trop loin de toi, depuis trop longtemps. Je n'ai plus que le souvenir de tes mains, de ton cœur, de ton corps. Je n'ai plus que des souvenirs qui tournent dans ma tête.

Je garde ton portrait sur moi, contre ma poitrine près de mon coeur. Ton image me rassure et me protège. J'en ai bien besoin dans cet enfer. Demain, j'essaierai, encore une fois, de ne pas mourir.

Ma toute belle, je t'embrasse et te fais une promesse. Je reviendrai bientôt poser mes lèvres sur tes lèvres. Ne m'oublie pas.

Ton Jean, qui ne t'oubliera jamais.

Marcel a fini de lire, regarde Gros Jean et le voit ému … la larme à l'œil.

"Ca te plaît, Gros Jean ?"
"C'est merveilleux ! Je suis sûr qu'Agnès va adorer. Si, après ça, elle le ne veut pas m'épouser, je ne comprends plus."
"Elle t'épousera, Gros Jean. T'en fais pas. Mais il y a deux conditions : que la guerre soit finie et que tu sois vivant."

Gros Jean prend le brouillon et part le recopier de sa plus belle écriture. Une heure plus tard, il revient près de Marcel et lui remet son brouillon. Marcel est étonné et Gros Jean lui dit : "Garde le brouillon. Cela te servira peut-être plus tard." Marcel sourit et empoche le papier.

Marcel ne sait pas encore qu'il écrira quelques dizaines de brouillons de lettre d'amour pour Gros Jean: assis dans les tranchées, sous la pluie ou sous le soleil.

C'est à l'abri des drapeaux blancs que l'année 1914 va se terminer, la première année de la première guerre mondiale.

Dès le 2 janvier 1915, les choses vont changer.

Derrière les tranchées allemandes, des mouvements de troupes incessants ont lieu. Des camions vont et viennent. Et les drapeaux blancs sont enlevés.

Marcel est à l'affût : "La trêve est finie, les gars. On va recommencer à mitrailler."

Quelques minutes plus tard, le sergent Bonmariage arrive dans la tranchée et réunit ses 32 hommes :

"Soldats, écoutez-moi. La fraternisation est terminée. La guerre reprend ses droits. Le Roi nous donne l'ordre de défendre nos positions. Coûte que coûte. Nous n'attaquerons pas. Nous défendrons. La mission ne sera pas facile. Les allemands vont attaquer et essayer de nous détruire par tous les moyens : avec leurs canons, avec leurs hommes et leurs fusils

Alors, nous devons nous préparer. Nous allons recevoir des centaines de rouleaux de fils barbelés. A l'arrière, ils préparent de petites croix Saint André. Ce sera à nous d'installer tout ça sur la terre de personne. Ce travail sera fait de nuit pour éviter de se faire tirer dessus. Donc, vous dormirez le jour. Compris ? Des questions ?"

Personne ne réagit.

"Alors, première opération : vous enlevez les drapeaux blancs et vous retirez vos petits buissons aux chandelles."

Les buissons aux chandelles sont jetés dans les braseros et les soldats récupèrent leurs mouchoirs blancs. En quelques minutes, plus aucune trace de Noël ne survit dans la tranchée. La trêve est bien terminée. Les soldats s'installent à nouveau dans leurs routines. La guerre a repris ses droits. Les tours de gardes et les surveillances sont assurés, les autres sont assis dans la tranchée, attendant leurs tours.

Bientôt des dizaines et des dizaines de rouleaux de barbelés avec des croix saint André sont déposés dans la tranchée. Tout le monde attend la fin du jour et le retour du sergent.

Après la tambouille du soir, le sergent Bonmariage est sur le pied de guerre. Pendant plusieurs minutes, il observe aux jumelles la "terre de personne".

Il redescend dans la tranchée et donne ses ordres :
"Vous allez m'accrocher les extrémités des barbelés aux croix de saint André. Ensuite, vous allez constituer des équipes de trois tout le long de notre tranchée. Les meilleurs tireurs seront aux meurtrières. A mon signal, une équipe de trois part sur la

"terre de personne". Vous allez le plus loin possible, jusqu'à 10 mètres de la ligne allemande. Vous plantez la première croix à gauche, vous étendez le rouleau de barbelés et vous plantez la deuxième croix à droite. Et vous revenez ! Et tout ça en rampant et en silence ! Compris ?"

Le silence se fait dans les rangs.

"Allez ! Formez vos équipes !"

Fons, Isidore et Gros Jean forment une équipe de trois. Marcel est leur tireur. C'est le meilleur, naturellement.

Tout le peloton semble prêt : tous les cinq mètres, une équipe de trois soldats avec un rouleau de barbelés sont prêts à passer par-dessus bord. Tous les dix mètres, un soldat, fusil en joue, est prêt à tirer sur le camp d'en face.

"Soldats ! Sautillez sur place ! Si vous entendez des bruits métalliques, videz vos poches."

Tout le monde sautille et laisse ensuite les gamelles, les gobelets, les cuillères et les pièces de monnaie dans la tranchée. Tous les soldats dans les tranchées ont toujours toutes leurs affaires sur eux. On ne sait jamais.

Au milieu de la ligne de soldats, le sergent choisit une première équipe :
"Allez-y ! Et en silence ! ... Les tireurs : tenez-vous prêt !"

La première équipe passe par-dessus bord et rampe pendant plusieurs dizaines de mètres. Les tireurs de couverture sont à l'affût. Toutes les cinq minutes, une nouvelle équipe est envoyée.

Cinq heures plus tard, tous les barbelés sont installés et tout le monde est rentré.

"Mission accomplie, mes soldats. Félicitations. A l'aube, on verra à quoi cela ressemble. Allez vous reposer maintenant."

Tous les soldats repartent à leurs trous où ils dormiront assis. Quelques heures plus tard, le soleil se lève. Le sergent inspecte à la jumelle le champ de barbelés sur la "terre de personne". Il est satisfait : "Bon travail, soldats. On va la gagner, cette guerre."

Tout le monde observe rapidement les résultats de leur travail de nuit et se félicite l'un l'autre. Ils se sentent un peu protégés.

De la ligne allemande arrive des cris, des protestations et des ordres. Le sergent commence à rire : "Ils sont pas contents les casques à pointe. On a été plus rapide qu'eux."

Une semaine plus tard, un matin, les soldats découvrent des barbelés près des tranchées allemandes. Le "no man's land" est devenu infranchissable.

*

Françoise demande à Louise :
"Quand ont-ils reçu les premiers obus sur la tête ?"
"Au mois de janvier, mais Marcel et ses amis s'étaient préparés. C'est peut-être ce qui les a sauvés."
"Quand je pense qu'on travaillait à la ferme, à ce moment-là."
"Oui et on était loin de se douter de ce qu'il se passait."

Françoise et Louise sont songeuses quelques secondes.
Louise brise le silence : "Et ce n'était qu'un début."

*

Au mois de janvier 1915, la situation est calme et les soldats se sont habitués à leur petit enfer. Ils ne savent pas encore qu'ils sont simplement au purgatoire. L'enfer va bientôt arriver.

Chaque jour, Fons donne, à Marcel, Isidore et Gros Jean, les nouvelles volées de l'état-major : les artilleries de tous les calibres s'installent un peu partout derrière les tranchées 300.

Marcel est inquiet : "Les obus vont nous passer au-dessus de la tête."
Fons ajoute : "Ils ont intérêt à bien viser !"
"Ce n'est pas ça qui m'inquiète." réplique Marcel. "C'est l'artillerie allemande. Pour eux, c'est nous la cible. Ils ne leur faudra pas des semaines pour ajuster leurs canons et viser juste."

Tous les quatre restent silencieux.

Isidore demande à Marcel : "Tu proposes quelque chose ?"
Marcel regarde la tranchée, puis le ciel, puis encore la tranchée.
Il se retourne vers les autres : "Il faut creuser."
"Mais Marcel, ça sert à rien. On peut creuser encore 10 mètres. Les obus tomberont juste 10 mètres plus bas." rouspète Fons.

"Non, non. On va creuser ici." Marcel s'accroupit et montre, à 30 centimètres du sol, la paroi de la tranchée, coté allemand.
"On va creuser ici sur deux mètres de long et 50 centimètres de profondeur. Dès qu'il y a une alerte, on plonge dedans et on reste couché. La terre, au-dessus de nous, nous protègera. Quand les tirs s'arrêtent, on sort de nos trous et on se met en joue pour tirer sur les allemands si ils ont eu la mauvaise idée de tenter quelque chose."

Marcel s'est arrêté de parler. Il est assez satisfait de son plan. Ce n'est pas parfait, mais c'est mieux que rien du tout. Il se tourne vers ses amis : "Alors ?" Fons répond : "Bon ! Eh bien, on va creuser … Encore !"

En fin de journée, quatre long trous derrière les échelles sont prêts à accueillir quatre hommes. En cas d'alerte d'artillerie, c'est là qu'ils plongeront.

Marcel est satisfait. Il croit en son plan et note tout dans son carnet.

Il ne faudra pas attendre longtemps pour le baptême du feu. Deux jours plus tard, l'artillerie allemande commence à tirer. L'artillerie alliée aussi. Les obus tombent partout. Le bruit est infernal. Marcel et ses amis sont dans leurs trous et attendent la fin des tirs. Gros Jean n'a jamais été au feu. Le seul feu qu'il connaisse est celui de son fourneau, dans le sous-sol de la pâtisserie. Et c'est pareil pour tous les autres soldats, personne n'a jamais connu ce feu-là.

Après quinze minutes de bombardements incessants, le feu cesse et les quatre amis sortent de leurs trous et montent jusqu'aux meurtrières pour observer le "no man's land". Leurs fusils sont en joue, prêts à tirer, mais rien ne bouge. La "terre de personne" est pleine de trous d'obus et les fils barbelés ont souffert. Ce soir, il faudra réparer.

Ils se retournent vers la tranchée et voient plusieurs soldats qui saignent.
D'autres soldats aident les blessés. Pour l'instant, personne n'est mort.

Le sergent Bonmariage fait un tour d'inspection de la tranchée et de ses hommes. Marcel l'arrête : "Sergent, regardez ce qu'on a creusé."
Les sergent s'agenouille, regarde les trous et se relève :
"Bonne idée, soldat. Mais qui faisait la garde ?"
"Pas nous, sergent."
"Il faudra organiser tout ça."

Le sergent fait l'appel de tous ses soldats et montre les trous de Marcel :
"Chaque homme va creuser son trou. En avant !"

Marcel et ses amis donnent un coup de main à chacun des soldats. Un soldat propose d'appeler leurs trous, les trous "Marcel". Tout le monde rit et ils adoptent ce nom de baptême

Avant la tambouille du soir, les trous sont faits. Après la tambouille du soir, les fils barbelés sont réparés.

Ce soir-là, un travail supplémentaire sera demandé à quelques soldats : la construction d'un poste spécial de garde, protégé des bombardements, et duquel on pourra voir toute la "terre de personne" devant la tranchée du sergent Bonmariage. Le poste sera légèrement avancé, un peu circulaire et le dessus protégé par des planches de bois et des sacs de sable, parce que le danger vient du ciel.

Après l'achèvement du travail, le sergent se tourne vers Marcel :
"Comme ça, il n'y aura qu'un soldat au tour de garde. Moins de risques. Au moindre mouvement de troupes en face, il donnera l'alerte."

Quelques heures de sommeil et tout recommence : le vacarme infernal des obus, les réparations, les tours de garde, cinq balles par jour, trois tambouilles, du café tiède et, depuis quelques jours de l'alcool. Quelques soldats sont inquiets, ils n'ont pas envie de boire leur jeunesse. Les rations d'alcool sont un peu trop généreuses et sont distribuées dès le matin.

Les jours suivants, les bombardements se font de plus en plus intensifs et de plus en plus long. Quelques soldats commencent à pleurer. Le vacarme est incessant, assourdissant et mortel.

En mars 1915, ce qui devait arriver arriva : trois soldats du peloton du sergent Bonmariage furent tués par des éclats d'obus. Ils étaient couchés dans les trous "Marcel". Seuls, leurs dos étaient visibles et c'est là que les éclats d'obus se sont plantés.

Le sergent observe, puis ordonne à trois soldats d'aller chercher des planches de bois, longues et larges et de les disposer en dessous de chaque trou "Marcel". Quand les soldats plongeront dans leurs trous, ils n'auront plus qu'à agripper la planche et se protéger.

Après quelques minutes, les trous "Marcel" deviennent des trous "cercueil". Au moins, les dos seront protégés … un peu.

Avec le début du printemps, arrivent les premières pluies, mais il n'y a pas que l'eau qui tombe du ciel, il y a aussi les obus et avec les obus qui tombent, les pluies de boue déferlent dans les tranchées, salissant tout sur leurs passages. Les attaques d'artillerie s'intensifient encore. Les soldats passent plusieurs heures par jour dans leurs trous "cercueil". Les sourires se sont effacés de leurs visages. Les tranchées sont devenues de vrais cloaques.

Au début de l'été, les allemands ont commencé à attaquer les tranchées alliées. Toujours à l'aube. Bien mal leur en a pris. Leurs tentatives n'ont duré que deux semaines et les tranchées ont résisté grâce aux soldats, aux fusils et aux mitrailleuses. Isidore est content de lui.

Marcel note dans son carnet : "J'ai du tuer quelques allemands aujourd'hui. Je ne suis ni fier, ni triste."

Les réparations des fils barbelés continuent chaque nuit parce que les obus tombent chaque jour. Le sergent exhorte ses soldats

: "Il faut résister ! Encore et toujours ! Ils n'iront pas plus loin. On va la gagner, cette guerre."

Les visages des soldats sont sales et fatigués. Il y a du dépit dans les regards et du fatalisme dans les corps.

Marcel s'approche du sergent : "Sergent, c'est quand Noël ?"
"Dans six mois, soldat Marcel."
"Faudra encore attendre six mois pour se laver ?"
"Non. Il paraît qu'il va y avoir des permissions spéciales pour nous."
"Bien. Mais pour aller où ? Les français peuvent rentrer chez eux ! Les anglais aussi ! Mais nous, notre pays est occupé. Ca m'étonnerait beaucoup que les allemands nous laissent passer pour rentrer chez nous."

"Ce sera peut-être notre chance." sourit le sergent.
"Comment ça ?"
"Il y a quelques mois, les français ont commencé à distribuer des permissions. Et il y a eu pas mal de déserteurs. Beaucoup ont été rattrapés. Ils sont passés au peloton d'exécution. Alors, depuis lors, ils attendent pour donner de nouvelles permissions."
"Peloton d'exécution, hein ?"
"Oui."

Après quelques instants, le sergent reprend :

"A quelques kilomètres d'ici, hors de portée des canons allemands, ils sont entrain d'aménager une maison, qui va devenir une auberge, un hôtel et une infirmerie. On pourra y loger dix soldats en même temps."
"Bien. Bien. Et on pourra y aller quand ?"
"Dans quelques semaines. Deux soldats par peloton à la fois. Trois jours et deux nuits. Je vous tiendrai au courant, soldat Marcel."

Les semaines paraissent des mois, mais finalement c'est arrivé. Marcel et Gros Jean marchent vers l'Auberge tant espérée et ils ne vont pas être déçus. S'éloignant des tranchées et après plus de deux heures de marche, ils arrivent au poste de garde de la maison et montrent leurs permissions au sergent en faction. Il leur ouvre la grille et montre du doigt le chemin à suivre.

Ils sont presque arrivés. La maison est grande, très grande et peinte en gris vert pour ne pas attirer l'attention. Une grande haie, haute de deux mètres, entoure la propriété.

A l'intérieur, ils sont accueillis par le lieutenant Beauséjour :

"Bienvenue, soldats ! Ici, on se repose et on se requinque. C'est fait pour ça. Les lits sont confortables. La nourriture est bonne et nous avons de grandes baignoires d'eau chaude. Je vous conseille de commencer par là : l'odeur est assez insupportable."

Marcel répond :
"Oui. L'hôtel où nous étions n'était pas très confortable."
Le lieutenant sourit :
"Je sais, soldat, mais c'est la guerre. Néanmoins, Le Roi veut soigner ses soldats. Alors, profitez bien de vos trois jours."

Il leur tend deux clés :
"Les chambres sont à l'étage. Les salles de bains au sous-sol."
"Merci, mon lieutenant." répondent en chœur Marcel et Gros Jean.

Quand Marcel découvre sa chambre, il se dit que l'état major n'a pas fait les choses à moitié. Sans luxe excessif, la chambre est jolie et bien tenue. Les draps sont propres. Il y a même deux tableaux aux murs. Derrière un paravent, un petit lavabo et une toilette. Marcel pose les mains sur le lit et appuie pour vérifier le confort. Il est satisfait.

Marcel se déshabille, mais garde son linge de corps, bruni par le temps, la saleté et la transpiration. Il descend aux salles d'eaux. Il y a six grandes baignoires, trois de chaque coté. Elles sont séparées par des rideaux coulissants.

Une infirmière l'accueille : "Bienvenue. Vous désirez quelle baignoire ?"
"Celle près de la fenêtre."

L'infirmière fait couler l'eau chaude et Marcel s'assied sur un tabouret en bois à coté de sa baignoire. Il regarde l'eau couler, chaude, belle, transparente … et en abondance.

Marcel est seul dans la salle d'eau, il enlève son linge de corps, qui tombe à terre en une masse sale et informe. Il se glisse dans l'eau chaude. Il a un soupir d'aise qui dure plusieurs secondes. Le sourire aux lèvres, il profite. Après plusieurs minutes de plaisirs d'eau chaude, il se lave avec le gros cube de savon mis à sa disposition.

Gros Jean entre dans la salle d'eau avec l'infirmière. Ils se dirigent vers la baignoire en face de celle de Marcel.
"Gros Jean, tu vas te régaler !"
"Pas de doute !"

Après avoir ouvert les robinets pour Gros Jean, l'infirmière s'approche de la baignoire de Marcel :

"Vous pouvez changer l'eau, Monsieur
Marcel. Elle est noire."
"Ah oui ! Bonne idée. Merci mademoiselle
 ..."
...
"Anna."

Après le départ d'Anna, Gros Jean rugit de
plaisir dans sa baignoire chaude. Marcel rit
en voyant son ami patauger dans sa
baignoire.

"Marcel, je resterais bien ici jusqu'à la fin
de la guerre."
"Moi aussi. Mais, pas d'illusions, Gros Jean.
Faudra y retourner."
"Je sais. Je sais."

Après trois bains et plus d'une heure dans
l'eau, Marcel et Gros Jean, habillés de
grandes serviettes en éponge, remontent
dans leurs chambres.

"A quelle heure, on mange ici, Marcel ?"
"Je ne sais pas. On va s'habiller et puis on
va descendre. D'accord ?"
"D'accord."

Ils ont trouvé dans leurs chambres : du
linge de corps, un pantalon et une chemise
en toile. Tout est propre et repassé. Ce
sont de nouveaux hommes qui descendent
au rez-de-chaussée, retrouver d'autres
soldats qui boivent au salon. Ils sont tous

installés dans de grands fauteuils qui semblent très confortables.

Tout le monde est là, deux officiers, quelques sergents et surtout les infirmières, qui sont habillées tout de blanc avec le chignon torsadé, une petite coiffe et un rouge à lèvres trop rouge. Les soldats en permission sont habillés en toile, seules les couleurs divergent un peu. Marcel et Gros Jean sont accueillis avec le sourire. Les présentations sont faites avec grades et unités. Germain, un des soldats, les mène au bar : "Voilà ! Et c'est à volonté ! Mais n'abusez pas ! Ce serait dommage de ne plus se souvenir. Il y a tous les alcools et beaucoup de bières dans la glace. Servez-vous."

Marcel et Gros Jean, qui n'ont pas l'habitude des alcools forts, s'en tiennent à la bière. Ils s'installent dans les grands fauteuils, qui sont effectivement très confortables.

Marcel s'adresse à Germain :
"Je n'ai jamais vu de pareils fauteuils."
"Cadeau des anglais. Ce type de fauteuil s'appelle un Chesterfield."

Il y a plusieurs tailles et différentes couleurs de cuir : rouge sombre, brun chaud et noir chatoyant, mais tous ont cette forme particulière et arrondie avec les accoudoirs aussi hauts que les dossiers.

Marcel, Gros Jean et Germain s'installent chacun dans un fauteuil et commencent à bavarder. Mais après quelques banalités, la seule vraie discussion surgit inévitablement : "Quand la guerre va-t-elle s'arrêter ?"
Tous les soldats tentent de répondre à cette unique question, sans trouver un seul indice valable. Les gradés et les infirmières ne se mêlent pas à cette conversation. De toute façon, personne ne sait, mais tous les soldats en parlent. Et cela dure plus d'une heure.

Une cuisinière arrive dans le salon et appelle tous les soldats à passer dans la salle à manger. Il y a quatre grandes tables rondes. Tout le monde s'installe. A chaque table, il y a des soldats en permission, les soldats qui travaillent ici et les infirmières. Même le lieutenant Beauséjour et ses gradés partagent les tables avec de simples soldats. Cela n'arrive pas souvent.

Le personnel de cuisine apporte les soupières et de grandes bouteilles de bière. Tout est disposé sur les tables. Il n'y a plus qu'à se servir. La soupe est chaude et la bière est fraîche. Assis sur une vraie chaise à une table avec une belle nappe blanche, de vraies assiettes et de vrais couverts en métal noble, Marcel et Gros Jean profitent de chaque instant. Les autres soldats en permission aussi.

Quand arrive le plat de résistance, toutes les formes de joie s'expriment : on rit, on crie, on frappe sur la table, on se tape sur l'épaule ... De grands plats de carbonnades flamandes sont posés sur les tables, avec en accompagnement des pommes de terre persillées. Pendant vingt minutes, un silence presque suspect règne dans la salle à manger. Un silence de paroles, mais il y a des bruits. On entend le cliquetis des couverts dans les assiettes, la mastication bruyante et les soupirs de contentement. Tous les grands plats sont vidés sans exception et on finit la sauce des assiettes avec du pain.

Quand les cuisinières reviennent dans la salle à manger avec les flans vanille caramel, qui seront englouti sans effort, tous les soldats se lèvent pour applaudir tout le personnel de cuisine.

Les ventres pleins, les soldats sont invités à retourner au salon.
Germain s'approche de Marcel et Gros Jean :
"Je vous conseille une gorgée d'alcool fort. Faut l'avaler d'un coup sec. Cela facilite la digestion."
Marcel semble d'accord :
"Un alcool à recommander, Germain ?"

"Le Cognac."
Gros Jean intervient :
"C'est sucré ?"
"Pas vraiment. Mais c'est efficace. Si tu veux du sucré, prends plutôt du rhum."

Germain leur donne deux petits verres remplis d'alcool : Cognac et rhum.
La gorgée d'alcool brûle la bouche et provoque des remous à l'intérieur, mais allège aussi le lourd travail de digestion.
Gros Jean se sert un nouveau verre de rhum et Marcel du Cognac, mais cette fois-ci pour déguster.

Quelques soldats en permission font les jolis cœurs auprès des infirmières, les gradés s'occupent surtout de leurs verres et de leurs cigares.

Marcel et Gros Jean, installés confortablement dans des Chesterfield, se regardent. Ils ont l'œil satisfait, mais les paupières sont déjà lourdes.
"Gros Jean. Je crois que je vais bientôt profiter de mon lit."
"Moi aussi, Marcel."

Ils saluent les autres soldats, qui ne sont pas en meilleur état qu'eux, mais qui restent par fierté. Marcel et Gros Jean montent à l'étage et se souhaitent bonne nuit dans le couloir.

Arrivé dans sa chambre, Marcel découvre un pyjama rayé sur son lit. Il ferme les rideaux et se déshabille . Il enfile son pyjama propre, repassé et sentant bon la lavande. Il se glisse dans son lit et après trois secondes s'endort. Il n'est pas encore neuf heures du soir et un sommeil lourd et sans rêves l'emporte loin de tous les enfers de la guerre.

Le lendemain matin, il est passé neuf heures quand Marcel se réveille. Pendant quelques secondes, il ne sait pas où il est, puis enfin il sourit et se lève. Au petit lavabo de la chambre, il se jette un peu d'eau sur le visage pour se rafraîchir. Il s'habille et descend. Dans la salle à manger, il retrouve Gros Jean, qui se goinfre de grandes tartines à la confiture.

"Bien dormi, Gros Jean ?"
La bouche pleine, Gros Jean ne peut pas répondre, mais il lève le pouce en signe d'approbation.

Angèle, en charge du service du matin, demande à Marcel :
"Thé, Café ou chocolat ?"
"Chocolat." répond Marcel avec le sourire.

Après le petit déjeuner pantagruélique, Marcel et Gros Jean font des plans pour la journée. Gros Jean propose :

"Si on écrivait une lettre pour Agnès."
"Je dirais même mieux … On va en écrire plusieurs. Je suis d'humeur."
Avec un grand sourire, Gros Jean répond :
"D'accord."
"Mais d'abord, un bon bain !"
"Toujours d'accord."

Une heure plus tard, après un bon bain chaud, Marcel et Gros Jean sont attablés à la terrasse arrière de la maison. Ils sont assis à une table ronde et font face au jardin fleuri.

L'auberge a fourni le papier, les crayons et les cartes postales. Marcel écrit et Gros Jean parle, de tout et de rien, mais surtout d'Agnès. Pendant près de deux heures, ils vont savourer tous leurs petits plaisirs : plaisanter, rire, partager, parler de tout … et Marcel écrit, écrit et écrit encore. Il a pris goût à l'écriture des mots doux.

A midi, ils sont appelés pour le repas de midi. Germain, assis à leur table, les prévient : "Avec d'autres soldats, je repars dans les tranchées. C'est à votre tour de faire la liaison et d'accueillir les nouveaux."
"Pas de problème, Germain." répond Marcel.

A la fin du repas, ils se serrent tous la main et Marcel souhaite bonne chance à

Germain. Les soldats en uniforme s'en vont à pied comme ils sont arrivés. Bientôt, d'autres les remplaceront. Et demain, ce sera le tour de Marcel et Gros Jean de retourner en enfer.

Marcel se tourne vers Gros Jean :
"Tu sais ce que je préfère ici ? Dormir. Et je vais aller faire une bonne sieste. Ce soir, je pourrai profiter un peu plus longtemps du bar."

Dans sa chambre, Marcel se déshabille et se retrouve complètement nu. Il décide de profiter de la douceur des draps en se glissant tel quel dans son lit. Marcel s'en va pour une bonne sieste réparatrice de trois heures.

Vers cinq heures de l'après-midi, il revient au salon où le rejoint Gros Jean. Ils trinquent ensemble et accueillent bientôt de nouveaux soldats propres et sentant le savon. Les présentations officielles sont faites avec grades et unités. Gros Jean leur présente le bar.

Après avoir envahi les Chesterfield et décidé que la guerre ne finira jamais. Les soldats parlent de leurs vies civiles : mariés, célibataires, avec enfants ou pas, travail en usine, etc … Finalement, Anna l'infirmière, les invite à rejoindre la salle à manger et s'installe à la table de Marcel, Gros Jean et d'autres.

Marcel remercie Anna de se joindre à eux. C'est une petite touche de féminité dont tous les soldats ont bien besoin. Anna remercie Marcel avec un sourire.

Après la soupe et la bière, une délicieuse odeur envahit l'espace : le poulet rôti. Bis repetita pour toutes les expressions de joie. Les cris redoublent quand les soldats comprennent qu'il y aura un poulet complet pour chacun d'eux. Ils ne doivent pas tout manger, mais ils peuvent choisir leurs morceaux préférés. Pour les estomacs gourmands, il y a aussi le dessert. Ce soir, ce sera un grand bol de riz au lait, avec sucre à volonté. Gros Jean est ravi.

De retour au salon, Marcel invite les nouveaux soldats à faciliter leur digestion avec un petit verre d'alcool fort.

Ce soir, Marcel n'est pas fatigué et a bien l'intention de profiter de tout ce qui est offert dans cette auberge presque luxueuse. Après deux heures de discussions enflammés avec les autres soldats d'infortune et de nombreux petits verres d'alcool, Marcel décide de se retirer pour aller prendre encore un grand bain d'eau chaude.

Il salue tout le monde et laisse Gros Jean avec son grand verre de rhum de la Havane.

Quelques minutes plus tard, il savoure l'eau chaude dans laquelle il baigne. Il a ajouté deux petits plaisirs : un cigare. Ce sera le premier cigare de sa vie et il le fume lentement et un grand verre ballon de cognac qu'il déguste lentement aussi. Régulièrement, il ajoute de l'eau chaude dans la baignoire dont les vapeurs se mélangent à la fumée de son cigare.

Marcel se dit que l'homme est bien fait : il s'habitue très vite aux bons plaisirs de la vie. Ce serait le paradis si il ne fallait pas retourner en enfer. Sans philosophie excessive, Marcel sort de la baignoire, se sèche et se rhabille. Il monte dans sa chambre et se dit qu'il va encore profiter d'une belle nuit dans un grand lit aux draps propres. Comme pour la sieste, il décide de dormir nu.

A peine installé, la porte de sa chambre s'ouvre, accompagné d'un petit toc-toc. C'es Anna l'infirmière : "Je dois venir prendre votre température."
Marcel, un peu gêné : "Maintenant ?"
"Oui. Oui."
Elle s'approche du lit et s'assoit sur le bord.

Marcel se dit que l'occasion est trop belle et tente sa chance : il pose la main sur la cuisse d'Anna ...

Anna ne quittera sa chambre qu'une heure plus tard et laissera Marcel endormi, le sourire aux lèvres.

Le lendemain matin, Marcel se demande si il n'a pas rêvé.
Il descend dans la salle d'eaux et prépare son bain chaud.
Quelques instants plus tard, il est rejoint par Gros Jean.

Marcel ne sait pas si il doit raconter son aventure nocturne, mais Gros Jean commence déjà à parler : "Hier soir, une infirmière est entrée dans ma chambre. Elle voulait prendre ma température. Je l'ai envoyée sur les roses ... gentiment mais fermement. Je lui ai dit de revenir ce matin. Mais ce matin, je n'ai vu personne !"

Après quelques secondes de réflexion, Marcel éclate de rire. Il comprend.
Gros Jean s'étonne : "C'est si drôle, ce que j'ai raconté ?"
Marcel rit deux fois plus fort. Il est soulagé : il ne devra pas demander Anna en mariage.

"Allez viens, Gros Jean. On va manger. C'est ce qu'on fait de mieux. Je t'expliquerai plus tard."

Gros Jean, toujours incrédule, suit son ami jusqu'à la salle à manger. A table, Marcel aborde un des nouveaux soldats en permission et lui transmet les directives de Germain. Puis, il se tourne vers Gros Jean : "On va prendre deux grands bols de chocolat chaud et aller à la terrasse écrire une lettre à Agnès."

Installés à l'arrière de la maison, Gros Jean commence à parler et Marcel prend son carnet pour noter ses dernières aventures. Il relève la tête et dit à Gros Jean :
"Tu ne trouves pas qu'il y a trop d'infirmières et pas assez de blessés ?"
"Y'a pas de blessés du tout !"
"Conclusion ..."
"Conclusion ... J'en sais rien moi !"
"Alors, je vais écrire une lettre sur ta fidélité !"
"Ben ouais ... si tu veux."

Ainsi passe la matinée, sous le regard rieur de Marcel et les yeux innocents de Gros Jean.

Brisant le silence et les rêveries, Marcel attire l'attention de Gros Jean :
"Tu ne trouves pas que c'est encore mieux que Noël ?"

Gros Jean lui sourit :
"Oui, c'est Noël en juillet !"

Après le repas de midi, Marcel et Gros Jean rejoignent leurs chambres.

Assis sur son lit, Marcel regarde autour de lui. Il veut imprimer tous les détails de cette chambre où il a dormi deux nuits, fait une sieste et profité de l'aventure d'un soir. Il enfile un nouvel uniforme tout propre et descend dans le salon. Il y retrouve Gros Jean, le lieutenant Beauséjour et un sergent qu'il ne connaît pas. Les présentations sont faites et le lieutenant précise :
"Le sergent retourne dans la même tranchée que vous. Vous ferez le chemin ensemble, n'est ce pas, soldat Marcel ?"
"Bien sûr, mon lieutenant." répond Marcel.

Le lieutenant leur souhaite bonne route, bonne chance et espère les revoir bientôt.

*

Françoise demande à Louise :
"Marcel t'a laissé lire son carnet ?"
"Marcel avait beaucoup de carnets. Au fil du temps, je les ai tous parcourus. Mais celui

de la permission, j'ai du insister. Il ne l'avait jamais montré à Jeanne, notre chère sœur."
"J'imagine !"
"Tu sais comment sont les hommes ... Ils aiment bien un peu se vanter."
"Evidemment !"
"Alors, je l'ai brossé dans le sens du poil. Et un soir, il a sorti le carnet de la permission pendant que Jeanne était dans la cuisine à préparer le dîner. C'est comme ça que je sais tout ça."
"T'es une petite maligne, toi."

Louise, soudain pensive :
"Après, c'était l'enfer ... les pauvres."

*

Les voilà partis tous les trois. Chemin de retour vers l'enfer dans un silence assourdissant. Mais, au fur et à mesure, qu'ils avancent, ils entendent le bruit des canons qui résonnent. D'abord faiblement, puis de plus en plus fort. Ils croisent d'autres soldats. Certains sont estafettes, d'autres sont en permission, les derniers sont brancardiers et portent les blessés au poste d'infirmerie.

Arrivés dans leur tranchée, Marcel et Gros Jean regardent autour d'eux pour reconnaître des visages familiers. Enfin, ils retrouvent Fons et Isidore.

Fons est tout sourire et Isidore râle :
"Qu'est ce qu'on a pris dans la gueule, les gars !"
Marcel rétorque :
"Je sais c'est moi qui envoyait les obus."
Les quatre amis se regardent et éclatent de rire.

Fons veut savoir :
"Alors, c'est comment la permission ?"
"C'est vraiment bien, les gars." répond Marcel.
"Ah oui, c'est vraiment bien." confirme Gros Jean.
"Mais encore ?" insiste Isidore.
Marcel donne quelques détails :
"C'est à deux heures de marche d'ici. Très belle maison. Bien tenue. On a dormi dans de belles chambres, dans de bons lits avec de beaux draps. On a mangé comme à la maison. Il y a une salle d'eaux avec des grandes baignoires. Et la bière bien fraîche est à volonté. Hein, Gros Jean ?"
"Tu as oublié le rhum !"
"Et le Cognac !"
"Et les infirmières !"
"Ah oui, les infirmières ! Si tu as de la fièvre !"

Mais Marcel n'en dira pas plus. La motivation des soldats a déjà redoublée: il faut protéger leur ligne de défense, mais aussi leur Auberge, le havre de tous ces petits plaisirs quotidiens dont ils sont privés depuis si longtemps.

Fons et Isidore se regardent :
"Ca a l'air très bien cette permission."
Marcel rétorque avec le doigt levé :
"Oui, mais ça se mérite. Faudra être sage et vigilant, à la fois."
Fons rebondit immédiatement :
"En parlant de vigilance, j'ai l'impression que la fréquence des tirs d'artillerie s'est un peu calmé. Mais c'est juste mon impression ..."
Fons continue :
"Personne n'a une petite idée de quand ça va s'arrêter ?"
" Non. Personne." répond Marcel.

Entre temps la cantine est disponible et les soldats partent dans la troisième tranchée avec leurs gamelles. Marcel et Gros Jean se regardent. Ils haussent les épaules. Retour à la normale, au quotidien de la soldatesque.

Le soir, les soldats s'endorment dans leurs trous "cercueil", prêts à bondir à la moindre alerte.

A quatre heures et demi du matin, la plupart des soldats sont déjà vigilants et prêts à intervenir. Fons doit partir en mission d'estafette. Le soleil n'est pas encore levé.

Quand il revient en fin de matinée, Fons fait une drôle de tête. Il appelle ses amis et sous le couvert du secret leur dit :
"J'ai une bonne nouvelle et une très mauvaise nouvelle. La bonne nouvelle, c'est que tout le monde manque d'obus. Donc, ça tiraille moins. Et la très mauvaise nouvelle, c'est que les allemands vont bientôt utiliser des gaz."

Marcel, Gros Jean et Isidore prennent la nouvelle en pleine figure. C'est effectivement une très mauvaise nouvelle : ils n'ont pas de masques à gaz.

"Comment on va faire, Marcel ?"
"J'en sais rien. On va demander à notre sergent."

Le sergent Bonmariage est un peu plus loin dans la tranchée. Ils attendent qu'il s'approche et Marcel lui parle :
"Sergent, il y a une rumeur qui dit que les allemands vont utiliser des gaz. Mais on n'a pas de masque à gaz !"

"Soldat, pour l'instant, il ne se passera rien.
Le vent vient du Sud. Si ils lancent des gaz,
ça va leur revenir dans la gueule."
"Le vent pourrait changer de direction."
"Oui, bien sûr. Bon. Je vais aller me
renseigner et je reviens."

Marcel est désemparé. Ses amis le
regardent. Finalement, il dit :
"Il va se renseigner. Mais il n'a pas nié.
Donc, les informations de Fons devraient
être vraies."

Tout le monde attend le retour du sergent.

Après la peur incessante des
bombardements, ce sera l'angoisse
permanente d'un ennemi mortel qui arrive
sans bruit, qui se glisse dans les tranchées
et vous prend pendant le sommeil.

Deux heures plus tard, le sergent est de
retour. Il a les bras chargés de petites
serviettes éponges et rassemble ses soldats
:

"Voilà, soldats : les nouvelles ne sont pas
bonnes. Les allemands vont nous lancer des
gaz et on n'a pas de masques ! Les usines à
l'arrière travaillent d'arrache pied et nous
serons bientôt équipés. Pour l'instant, les
gaz allemands ne sont pas mortels : ils

piquent les yeux et la gorge ... alors il nous reste une solution."

Le sergent prend une petite serviette éponge, pas plus grande qu'un mouchoir et explique :
"A la première alerte au gaz, vous sortez vos serviettes et vous pissez dessus. Vous vous planquez dans vos trous avec la serviette sur la figure. Cela neutralisera les gaz."

Aucun soldat ne réagit. Ils s'imaginent tous pisser sur leurs serviettes.

Le sergent est prêt à partir, mais se retourne vers ses hommes :
"J'allais oublier : nos usines fabriquent aussi des gaz. Alors, courage, soldats. On va la gagner, cette guerre."

Les jours suivants, les bombardements continuent à un rythme ralenti, mais néanmoins continu, et les soldats continuent à plonger dans leurs trous "cercueil". Le poste de garde avancé du peloton Bonmariage tient toujours. Il a reçu quelques bombinettes, mais il résiste. Et tous les jours, on le répare et on le consolide.

Le vent vient toujours du Sud.

Un soldat a fabriqué une girouette de fortune pour connaître la direction du vent. Cela rassure tout le monde. Un peu. Tout le monde commence à être obsédé par la direction du vent. De temps en temps, un tir allemand fait tourner la girouette comme une toupie. Cela énerve les soldats et cela fait rire les ennemis.

A la fin de l'été, le vent a soudain changé de direction et les premiers gaz sont arrivés, rampant vers les tranchées alliées. Tous les soldats, Marcel comme les autres, ont pissé sur leurs petites serviettes et ont plongé dans leurs trous "cercueil". Ce jour-là, Marcel a entendu Isidore parler. Il ne priait pas. Il se parlait à lui-même : "J'irai au paradis parce que l'enfer est ici."

Marcel note dans son carnet la phrase d'Isidore.

Dix fois, vingt fois, avec dégoût, ils ont posé ce mouchoir plein de pisse sur leur visage. Mais finalement, il n'y a plus de dégoût, juste de la honte et de la colère. Les soldats se promettent de lancer leur gaz dès que le vent aura tourné.

Dans le courant du mois de novembre, toutes les forces alliées reçoivent les ravitaillements militaires qui sont vite distribués. Les soldats reçoivent des masques à gaz, mais aussi de nouveaux fusils et des cartouchières.

Les compagnies du génie militaire envoie des pelotons dans les tranchées pour installer des cuves d'eau javellisée et des systèmes de récupération d'eau de pluie. Ils installent, à l'écart, des latrines faites de toiles de tentes et de planches trouées. Ils apportent des tonnes de foins pour le confort des soldats. Le foin est calé dans tous les trous des tranchées pour tenter d'assécher les flaques d'eau croupissante. Au moins, les tranchées sont sèches. Ce n'est plus un cloaque de boue et de rats. C'est un cloaque sec avec des rats. Le nombre de braseros a été multiplié par deux.

Des marmites et des fours sont installés sur des charrettes métalliques pour créer des cuisines roulantes et des "hommes de soupe" viennent ravitailler, trois fois par jour, les hommes de toutes les tranchées de la compagnie.

Tout le matériel est français, comme tout le reste. Les soldats belges ne peuvent pas faire appel aux ressources industrielles, agricoles ou humaines de leur pays, qui est occupé et contrôlé par une armée étrangère. Les soldats du Roi doivent compter sur la générosité de leurs alliés et, heureusement, leurs alliés sont infaillibles.

Les brigades canines anglaises ne sont pas en reste et ont apporté des chiens ratiers pour la chasse aux rats dans les tranchées. Les rats sont devenus trop nombreux et malgré les primes accordées aux soldats pour chaque rat mort, les rats prospèrent avec facilité dans les tranchées sales et boueuses.

Un chien, dressé à la chasse aux rats, a été donné à chaque compagnie et deux soldats sont alloués à chaque chien.

Le sergent Bonmariage rejoint la tranchée de ses hommes :
"Soldats … vous voyez on s'occupe de vous. Ce n'est pas le grand luxe, mais les choses s'améliorent. Et c'est pas fini. Nous allons organiser une rotation des troupes entre les premières, secondes et troisièmes lignes. Vous ne resterez pas plus de cinq jours en premier front. Après ça, vous partirez en troisième ligne pour un peu de repos et vous pourrez vous laver à l'eau chaude. Mais il faudra rester vigilant. En cas d'alerte, baïonnette au fusil et on défend tous la ligne.
Compris, soldats ? Allez, à vos postes ! On va la gagner, cette guerre !"

Les soldats sont contents qu'on s'occupe d'eux : un peu plus de confort, un peu moins de rats, des repas réguliers et un peu de repos.

Marcel, Gros Jean, Isidore et Fons sont assis dans leurs trous en première ligne. Tout le monde semble content des améliorations apportées à leur quotidien. Tout le monde, sauf Marcel.

Fons lui demande :
"Pourquoi tu fais la gueule, Marcel ?"
Il regarde ses trois amis d'infortune :
"Vous êtes contents vous ?"
Isidore répond :
"C'est mieux que rien. Ca s'améliore un peu. On ne devra pas attendre le prochain Noël pour pouvoir se laver."
Fons reprend :
"Qu'est ce que t'as dans la tête, Marcel ?"
Et Marcel répond :
"Vous ne comprenez donc pas ce qu'il se passe. Toutes ces améliorations. C'est parce qu'on est ici pour toujours. Si on ne meurt pas d'une balle, d'un obus ou du gaz, on va mourir de vieillesse. Les officiers le savent bien que ça va durer des années. Alors, autant aménager du confort."

Soudain, l'humeur du groupe est tombée au plus bas.

"Tu crois vraiment ce que tu dis, Marcel ?" demande Gros Jean.

"Evidemment. Plus rien ne bouge. Depuis des mois. Tu crois que les allemands vont rentrer chez eux en s'excusant ?"

Les trois amis de Marcel se regardent. Ils ne savent pas quoi répondre.

Marcel reprend :
"Je vais vous dire mieux. Je parie cinq sous qu'on va passer Noël ici et toute l'année prochaine. Alors, qui veut parier avec moi ?"

Comme pour conjurer le sort, tout le monde sort cinq sous et parie avec Marcel. Ils perdront tous leurs paris : ce sera encore un Noël dans les tranchées.

Ce Noël de 1915 ne sera pas du tout comme celui de 1914. Les violences du conflit a pris des proportions jamais imaginées. Les morts et les blessés ont été trop nombreux et l'acharnement de la victoire militaire est trop exalté.

A minuit, le 24 décembre, peu de sapins et peu de drapeaux blancs sont érigés, mais suffisamment pour arrêter de tirer pendant quelques heures.
Le seul chant de Noël est fredonné bouche fermée, comme un bourdonnement qui voyage d'homme en homme, de tranchée en tranchée.

"Douce Nuit" sera sans paroles, mais restera plein d'espérances : l'espoir de passer une douce nuit. Même les souhaits se sont rétrécis.

*

"Tu te souviens ce qu'on faisait à Noël 1915 ?" demande Louise.
"Faut que je réfléchisse … " répond Françoise.
"Enfin, tu avais déjà seize ans. Tu devrais te souvenir."
"Ah oui, je volais des gorgées d'alcool dans le verre de maman."
"Tu as fait ça ?"
"Oui. Et une heure plus tard, je suis partie dormir. J'étais soûle."

Elles éclatent de rire toutes les deux.

*

La trêve ne dure que 24 heures. Personne ne sait qui a commencé à planter les drapeaux blancs et personne ne sait qui a commencé à les enlever. Mais, c'est bien fini.

Marcel va voir Gros Jean, Isidore et Fons. Il vient récolter les sous de son pari. Ils râlent tous un peu, sauf Marcel.
"Par ici la monnaie, les petits gars."
Isidore tente une question :
"C'était pas pour toute l'année ?"
"Non. Ca c'est une autre affaire ! Mais les paris sont ouverts. Qui veut tenter sa chance ? Tous les gagnants ont tenté leur chance ! Allez, les gars, un peu de bonne humeur. On est en enfer, d'accord, mais … on peut s'amuser un peu."

Les amis de Marcel remettent la main à la poche pour parier en espérant gagner cette fois.

L'année 1916 commence par un froid rude et sec, mais le printemps, cette année-là, sera précoce. Cela fait bientôt deux ans que le conflit a commencé et tout autour des tranchées, les paysages sont morts. Tous les arbres ont été détruits. Il n'y a plus un brin d'herbe. Les gaz ont tué toute la végétation. Il ne reste que la terre brune et sale. Sèche en été et boueuse le reste du temps. Toutes les autres couleurs ont disparues. La terre de personne est parsemée de trous d'obus et de fils barbelés. Les quelques corps de fermes aux alentours ne sont plus que des ruines. La trace des hommes a disparu, il ne reste plus que des soldats et des armes.

De nombreux soldats sont déjà morts. Personne ne connaît les chiffres, mais il y en a beaucoup. Les blessés graves ne reviennent pas sur les champs de bataille et les réserves humaines dans les pays en guerre commencent à manquer. Les nouveaux soldats sont trop jeunes ou trop vieux. Il paraît qu'ils ont fait sortir de prison des détenus de droit commun pour venir renforcer les lignes. C'est Fons qui l'a entendu.

Les nouveaux venus reçoivent leur baptême du feu dès le premier jour et aussi les jours suivants.

Car chaque jour, que Dieu ou le Diable fait, le vacarme infernal des obus et des balles déchire le silence, sans prévenir. Il faut courir dans les trous et se protéger les oreilles, mais cela ne sert à rien. La violence du bruit entre dans le ventre et les entrailles, et détruit de l'intérieur.

Et chaque jour, que Dieu ou le Diable fait, des morts et des blessés sont évacués. Ce jeu mortel du chat et de la souris lasse jusqu'à la corde la patience, l'humeur et la force des troupes. Les soldats restants deviennent des morts-vivants. Toutes les motivations ont disparues. Seul la survie compte.

Et chaque jour, que Dieu ou le Diable fait, la fin de la guerre s'éloigne encore et toujours. Les nuits sans sommeil avalent les jours et le désespoir avale l'espérance de jours meilleurs.

Et comme si cela ne suffisait pas, une nouvelle arme fait son apparition.

Au printemps, les premiers avions allemands, équipés de mitrailleuses, survolent les tranchées du Nord de la France. Ils sont maintenant deux par avion, un pilote et un tireur. Le deuxième tire des balles et prend aussi des photos pour l'état major.

Marcel, comme tous les autres, est planqué dans son trou "cercueil" :
"Isidore, tu peux ajuster ta mitrailleuse pour tirer vers le ciel ?"
"Oui, probablement."
"Ce serait bien si tu pouvais abattre cet avion qui nous tourne autour."
"C'est une bonne idée."
"Tu pourrais même recevoir une médaille."
"Je vais arranger ça tout à l'heure."

"D'accord."

Pendant plusieurs jours, Isidore bricole sa mitrailleuse pour pouvoir la détacher facilement de son support et l'orienter ver le ciel. Isidore a pris la précaution de demander l'autorisation au sergent Bonmariage. Autorisation accordée.

Isidore s'approche de Marcel : "Demain, je vais essayer de tirer sur un avion."
Marcel sourit et tapote sur l'épaule d'Isidore : "Je suis curieux de voir ça."

Le lendemain, le sergent Bonmariage arrive dans la tranchée de première ligne et s'approche de Marcel :
"Soldat. C'est votre tour."
"Mon tour ?"
"Votre tour à l'Auberge. Vous retournez avec Gros Jean ?"
"Gros Jean ? Oui, bien sûr."
Marcel est déjà entrain de rêver. Tout lui revient en mémoire : les longs bains chauds, le poulet rôti, les carbonnades, le Cognac, les fauteuils Chesterfield, les longs sommeils dans des draps propres, son premier cigare et bien sûr Anna. Il l'avait presque oublié ... mais pas vraiment.

Le sergent le sort de ses rêveries :

"Voici vos permissions. Rassemblez vos affaires. Allez chercher Gros Jean et foutez le camp."
"Oui, sergent."
"Profitez en bien !"
"Merci, sergent."

Marcel se penche dans son trou et ramasse quelques affaires.
Dans sa tête, il organise sa permission. Il s'y voit déjà. Il se demande si Anna sera là, si il y aura du poulet, si il aura la même chambre, … et si il y aura quelque chose de nouveau. Marcel aime bien les surprises.

Marcel se relève et part à la recherche de Gros Jean.

Le futur de ses prochains jours lui occupe l'esprit. Il a bien l'intention d'en profiter, de recharger toutes ses énergies et de fumer un deuxième cigare.

Il trouve Gros Jean et le rappelle à l'ordre comme un sergent :
"Soldat Gros Jean, levez-vous !"
Gros Jean, l'air moqueur, regarde Marcel:
"Qu'est ce qu'il se passe, petit Marcel ?"
"Je vous ordonne de venir avec moi en permission à l'Auberge."
Gros Jean saute de son trou :
"A vos ordres, général Marcel."
"Ramasse tes affaires et suis moi."

Pendant que Gros Jean se prépare, il demande à Marcel :
"On n'a pas de sergent avec nous ?"
"Non, c'est seulement au retour. Pour nous empêcher de déserter."
"Ah bon. T'es sûr ?"
"Mais oui, tu l'as revu toi ce sergent ?"
"Non."
"Eh bien, je suis sûr qu'on va le retrouver à l'Auberge."
"Bien." Gros Jean s'en fout.

Gros Jean commence déjà à chantonner :
"Je vais à l'Auberge. Tu vas à l'Auberge. Nous allons à l'Auberge."
Air impromptu et inventé par Gros Jean sous le coup de la joie.

Marcel et Gros Jean marchent dans le labyrinthe des tranchées en s'éloignant de la première ligne. Marcel s'arrête et se retourne vers Gros Jean : "Et n'oublie pas d'appeler une infirmière, si tu as de la fièvre !"
Gros Jean, incrédule, ne comprend toujours pas cette histoire d'infirmières.

C'est à ce moment-là que l'obus est tombé à dix mètres d'eux. De nombreux éclats sont partis dans tous les sens. Marcel, aux premières loges, a été touché sur tous le corps et au visage. Il a protégé Gros Jean, qui était derrière lui, mais Gros Jean a été touché aussi, mais peu.

Marcel tombe sans vie dans la tranchée.

Gros Jean hurle : "Brancardiers !
Brancardiers ! On a un blessé."
Sans se soucier de ses propres blessures.

Gros Jean se penche vers Marcel et le
retourne :
"Oh mon dieu ! Son visage !"

*

"Louise, Marcel n'a pas pu se souvenir de
ça."
"Non, c'est Gros Jean qui lui a raconté."

Françoise se rappelle la première fois
qu'elle a vu Marcel au bal musette.
Il était entrain de danser avec leur sœur
aînée, Jeanne :
"Quand j'ai vu le sourire de Jeanne, j'ai su
que c'était le bon !"
"Il était plus grand qu'elle. Ca lui plaisait."
"Il n'a pas eu de chance, le pauvre Marcel."
"Quoi ? D'avoir rencontré notre sœur ?"
"Mais, non, idiote. Je te rappelle qu'il a été
déporté dans les camps de concentration

pendant la seconde guerre mondiale. Et pendant plusieurs années."

"Non, je n'ai pas oublié."

"Quand on n'a pas de chance, la vie est vraiment une saloperie."

*

Marcel se réveille. Il est couché dans un lit. Il reconnaît autour de lui une grande chambre d'hôpital avec une douzaine de lits. Il tourne la tête pour voir les détails de la pièce, mais la pénombre l'en empêche. Il se demande pourquoi les fenêtres sont fermées et les volets intérieurs aussi.

Il voudrait se relever, mais il ne peut pas. Il voudrait parler, mais il ne peut pas. Ses oreilles fonctionnent bien, il entend gémir autour de lui. Ses bras et ses mains sont couverts de bandages, son torse aussi, et surtout sa tête. Seuls les yeux, la bouche et les trous de nez ne sont pas couverts.

Ses yeux s'habituent à la pénombre, il voit plusieurs lits avec des blessés. Ils semblent souffrir. Lui, il ne souffre pas. Il se dit qu'il pourrait bientôt partir. Il continue à promener son regard dans la pièce et ne voit rien de particulier. Par contre, il sent cet odeur infecte d'éther qu'il déteste .

Il essaie d'ouvrir la bouche, mais sans succès. Il ne peut pas bouger la mâchoire et aucun son ne sort. Seul un faible grognement est émis par sa gorge. Avec sa main gauche, il frappe le montant métallique de son lit. Il veut attirer l'attention d'une infirmière ou d'un médecin.

Une infirmière arrive, mais ce n'est pas Anna. Marcel sait maintenant qu'il n'est pas à l'Auberge : "Bonjour Monsieur Marcel. N'essayez pas de parler. Vous ne pouvez pas."

Marcel soupire.

"Je vais vous apporter un carnet et un crayon."

Quelques instants plus tard, elle revient avec un grand carnet, trois crayons et un médecin, qui vient s'asseoir sur le bord de son lit.

"Alors, monsieur Marcel, je vais vous expliquer ce qu'il s'est passé ..."

Marcel grogne et frappe la main droite sur le lit.

Le médecin se tourne vers l'infirmière pour lui prendre des mains le carnet et un crayon et donne le tout à Marcel, qui commence à écrire :

"Où suis-je ?"
"A l'hôpital des Grands Blessés de Guerre à Amiens."

"Depuis longtemps ?"
"Plusieurs mois."

"Je ne me souviens pas."
"Vous êtes sous morphine. On vous a endormi pour que vous ne souffriez pas."

"Quelle date, aujourd'hui ?"
"Le 7 février 1917. C'est un mercredi."

"Quand pourrai-je sortir ?"
"Oh la ! Pas si vite, mon ami. On a déjà réparé beaucoup de choses, mais il y a encore beaucoup de choses à faire. Jusqu'à présent, on a fait le plus facile, le plus rapide. Maintenant, on va s'occuper du visage et surtout de la mâchoire."

"Quand ?"
"Quand vous aurez repris un peu de force ! Vous avez perdu beaucoup de poids et beaucoup de sang. Il va falloir reprendre du poids, générer du sang et faire de l'os."

"J'ai faim."
"Très bien. Votre infirmière, Sœur Thérèse, va s'occuper de vous."

Marcel n'écrit plus. Il attend son prochain repas, qui lui sera servi par Sœur Thérèse.

Après quelques minutes, elle arrive avec un grand bol et s'assied sur le bord du lit. Elle plonge une cuillère dans la soupe et la pose sur les lèvres de Marcel. Il avale ce nectar comme si il n'avait pas mangé depuis des lustres. En fait, c'est une simple soupe aux pois avec de petits morceaux de lardons. Il ne faut pas mâcher. D'ailleurs, il ne peut pas.

Après ce repas de roi, il s'endort pendant plusieurs heures.

Quand il se réveille, à travers les interstices des volets intérieurs, il voit des fins rayons de soleil, mais il ne sait pas si c'est le matin ou l'après-midi. Les autres patients ne peuvent pas l'aider, ils gémissent tout le temps. Alors, il attend. Immobile. De toute façon, il ne peut quasi pas bouger.

Il voit Sœur Thérèse déambuler dans la chambre, allant de patient en blessé. Il attend son tour et quand elle arrive à son chevet, c'est avec un bol de soupe. Il voudrait bien lui sourire.

Pendant des jours et des semaines, ce sera son rituel et il sent ses forces revenir lentement. Il sent son appétit de vie et aussi sa mémoire qui s'éveille.

Il se rappelle de la guerre, des amis, du sergent, des tranchées, des obus, des gaz. Tout revient lentement, mais il n'y a pas beaucoup de souvenirs heureux. Il y a le premier Noël, celui de 1914. Il y a le Noël en juillet à l'Auberge, celui de 1915 qui était en service minimum et le dernier qu'il a passé sous morphine, dont il ne se souvient pas.

Marcel cherche dans sa mémoire des souvenirs heureux. C'est par les petits plaisirs du passé qu'il veut revenir à la vie, à la vraie vie. Il ne veut pas se laisser abattre. Pas de morosité. Il se rappelle des bals musette, du chocolat, des jolies filles du samedi soir, des amis, ...

Après plusieurs semaines, le médecin est de retour au chevet de Marcel. Il lui annonce la prochaine opération : son bras droit.

Marcel prend son grand carnet :
"Quelle opération ?"
"Les os de l'avant-bras droit ont été cassés en plusieurs endroits. On va essayer de

réparer. Les soudures naturels se sont mal faites."
"Et ma mâchoire ?"
"Plus tard, Marcel."
"Votre nom ?"
"Gilbert."
"Merci."

Quinze jours plus tard, pendant que Sœur Thérèse déballe l'avant-bras de Marcel, le docteur Gilbert arrive, examine Marcel et donne des nouvelles à son patient :

"Tout s'est bien passé, Marcel."
"Merci." écrit Marcel dans son carnet.
"Mais il reste un souci. Vous ne pourrez pas tourner la paume droite vers le haut."
"Comment ça ?"
"Vous ne pourrez pas mendier."
"Je n'ai jamais mendié. Je vais pas commencer."
"Bien. Alors, si ça ne vous dérange pas. On va laisser votre bras droit, comme il est."

Marcel ferme les yeux, bouge la tête en forme d'approbation et se rendort.

Marcel trouve le temps long. Les bandages sont de moins en moins nombreux. Les doses de morphine de moins en moins lourdes. Mais le temps est long.

Heureusement, maintenant il peut manger sa soupe seul. Salement, mais seul. Il n'est pas encore très adroit, ni avec ses mains, ni avec ses lèvres qui restent insensibles.

Quand il sent un peu de force revenir dans son corps, le docteur Gilbert annonce ou propose une nouvelle opération. Aujourd'hui, il propose :

"Marcel, j'ai bien envie de vous installer une prothèse métallique extérieure."

Marcel ne sait pas quoi penser.

"Cela assurera la cohésion des os. On pourra vous enlever une partie des bandages autour de la tête. Qu'en dites-vous, soldat ? Et vous pourriez essayer de parler un peu, … de mâcher un peu ?"

Marcel a peur. Il écrit :
"Pour toujours ?"
"Mais non, Marcel. Pas pour toujours. On attend de Paris la machine à rayons X. Elle nous permettra de voir ce qu'il se passe à l'intérieur. Et là, on pourra opérer votre mâchoire pour de bon."

Marcel complète la feuille de son carnet :
"Allez-y !"

Le docteur lui sourit et lui tapote l'épaule.

Au repas suivant, quand Sœur Thérèse vient lui donner son repas, Marcel écrit deux mots dans son grand carnet : "Gros Jean ?"

L'infirmière lit et demande à Marcel : "Ecrivez-moi tout ce vous savez sur lui : nom de famille, matricule, corps d'armée, adresse, etc ..."

Marcel lui fait signe que oui et commence à écrire tout ce qu'il sait de Gros Jean, sauf son adresse qu'il ne connaît pas. L'infirmière lit et regarde Marcel dans les yeux : "Je vais m'en occuper, mais cela peut prendre des semaines, peut-être des mois."

En attendant, Marcel se dit qu'il va écrire une lettre à Gros Jean. Quand il a fini, il se rend compte qu'il n'a pas son adresse. Il sourit de sa bêtise et commence une lettre pour le sergent Bonmariage :

"Cher sergent,

Je vous écris pour vous dire que je suis à l'hôpital d'Amiens. Je ne suis pas mort, du moins pas encore. Mon corps a souffert, mais en voie de guérison. Par contre, la mâchoire n'est pas encore réparé et cela pourrait prendre encore quelques mois.

J'espère que cette lettre vous trouvera en bonne santé et que vous continuez à bien prendre soin de vos hommes. Si vous avez le temps de m'écrire, j'aimerais avoir des nouvelles de mes amis : Gros Jean, Fons et Isidore.

Je vous souhaite bonne chance, sergent. Beaucoup de chance.

Marcel."

A l'infirmière, il donne sa lettre avec un petit papier sur lequel il a écrit toutes les informations de sergent. Et un grand "merci" en lettres capitales.

Un semaine plus tard, après une dose additionnelle de morphine, Marcel entre en salle d'opération pour toute la journée. En début de soirée, on le transporte dans son lit. Il est toujours inconscient. Sœur Thérèse lui remet des bandages autour de la mâchoire. Il pourrait se faire mal. On lui donne encore une dose de morphine pour qu'il passe une bonne nuit.

Le lendemain, Marcel se réveille avec le médecin et l'infirmière autour de son lit. Il les interroge des yeux. Le docteur pose la main sur le bras de Marcel :

"L'opération s'est bien passée, Marcel. Maintenant, on va enlever quelques bandages. Allez-y, Sœur Thérèse."

Délicatement, l'infirmière enlève les premières couches. Le médecin soutient le menton de Marcel pour éviter un choc. Tout se passe lentement. Marcel voit maintenant une armature de métal sur le coté de son visage. Tous les bandages sont partis. Le médecin et l'infirmière soutiennent le menton de Marcel.

"Essaie lentement de bouger le menton, Marcel."
Et Marcel essaie. Il peut ouvrir la bouche et la refermer. Il fait l'exercice plusieurs fois. Ce n'est pas trop douloureux et il recommence. Aucune main ne soutient maintenant son menton. Marcel a remarqué le silence dans la grande chambre d'hôpital. Plus personne ne geint. Ils doivent écouter. C'est la seule chose que les autres blessés peuvent faire : les rideaux coulissants autour du lit sont fermés.

"Sœur Thérèse, allez chercher un bouillon de viande, avec de la viande ou des boulettes. Quelque chose à mâcher, quoi !"

Sœur Thérèse s'en va et le docteur Gilbert regarde Marcel en souriant:
"Tu as envie de parler ?"
Il répond : "Oui."

Ce simple son est un peu balbutié, mais c'est déjà ça.
Ensuite, mot après mot, Marcel prend confiance. Il répond aux questions de Gilbert, son médecin, et retrouve son sourire et un peu de joie de vivre. Ce n'est pas parfait, mais c'est tellement mieux. Un mot à la fois. Et juste quelques mots.

Quand Marcel peut lentement mâché les boulettes dans sa soupe aux tomates, son sourire devient insistant et sa joie de vivre se confirme. Après ce repas fabuleux, il s'endort. Presque heureux.

Quelques heures de sommeil, toujours sous morphine, et Marcel sort de sa torpeur profonde. Il entend du bruit et des murmures autour de son lit. Les rideaux sont ouverts. Il ouvre faiblement les yeux et découvre une véritable "cour des miracles". Les monstres de la guerre se sont donnés rendez-vous autour de son lit.

Un des monstres commence à parler :
"Alors, c'est toi Marcel ?"
"Non, c'est pas lui. Lui, c'est le beau Marcel."
"On aimerait être beau comme lui."
Toutes les paroles s'entremêlent et deviennent confuses pour Marcel. Cela l'agace et il commence à s'énerver. Est-ce un rêve ? Un cauchemar ? Il est toujours sous morphine et tous ces monstres, qui se

rapprochent de lui, commencent à l'angoisser :
"Qu'est ce que vous voulez ?"
Le plus proche de lui commence :
"Bonsoir Marcel. Ils ont bien réussi l'opération. Tu es beau."
Cette simple phrase, pleine de chuintements, est à peine compréhensible. Marcel regarde autour de lui et comprend finalement : ce sont ses compagnons de chambre. Ils sont tous défigurés lourdement et viennent voir les résultats de l'opération du beau Marcel.

Leurs visages ressemblent à un champ labouré par un sanglier et recousu avec une aiguille à tricoter. Il manque des bras, des mains et même des oreilles. Marcel a soudain le souffle court. Il pourrait parler, mais il n'a pas les mots.

"Dis-nous, Marcel. On est beau comme toi ?"
"On n'a pas de miroirs."
"On ne sait pas."
"On voudrait savoir."
"Tout le monde nous ment."
"Et entre nous, on se ment aussi ... alors ..."

Marcel regarde tous ses gentils monstres désespérés autour de son lit. Ils ne sont pas laids, il ont perdus leur humanité. Il ne les a pas connus avant, mais aujourd'hui, ils ne sont plus des hommes. Ce qui fait un être humain, c'est l'âme, le regard et le visage. Si le visage n'est plus là, on se fixe sur le regard et si le regard a disparu, on plonge dans l'âme. Mais tout cela prend du temps, demande de la volonté et exige de l'amour.

Mais Marcel n'a pas de patience, alors il répond lentement :
"Vous êtes tous très beaux, … mais je ne vous connaissais pas avant."
Les monstres autour de lui se regardent l'un l'autre et commencent à rire.

Les monstres de Marcel s'éloignent lentement de son lit. Il entend :
"Sacré Marcel !"
"Quel menteur !"
"Oui, mais il est drôle."

Marcel se rendort encore une fois.

Après quelques semaines, Marcel peut enfin marcher, mais avec une canne. Il fait le tour de ses monstres et fait un petit signe à ceux qui sont éveillés.

Tous les jours, un ou deux de ses monstres passent sur le billard du docteur Gilbert. Parfois avec succès, mais sans vraiment aboutir à la beauté humaine. Marcel attend la machine à rayons x pour pouvoir être débarrassé de cette fichue armature métallique.

Un jour d'octobre 1917, sœur Thérèse vient près du lit de Marcel :
"Je n'ai pas beaucoup de nouvelles, mais j'en ai une qui est déjà bonne : votre ami Gros Jean n'est pas sur la liste des morts. Par contre, je n'ai sais pas où il est."

"Merci, sœur Thérèse. C'est très gentil de vous être occupé de cela."

Sœur Thérèse lui sourit et s'en va.

Et comme les bonnes nouvelles ne viennent jamais seules, l'après-midi, le docteur Gilbert vient annoncer dans la chambre que la machine à rayons x est arrivée :

"Dès la semaine prochaine, on commence les radios pour tout le monde."

Tous les monstres de Marcel passent aux rayons x et les opérations chirurgicales suivent à une bonne cadence. Viens le tour de Marcel : rayons et organisation de l'opération.

Le médecin est au chevet de Marcel :
"Première opération : enlever l'armature extérieure. Opération deux : lier trois morceaux d'os de la mâchoire avec de petites pièces métalliques. Certains petits os se sont déjà ressoudés. On est d'accord, Marcel ?"

"On est d'accord."

Une semaine plus tard, Marcel est dans son lit. Il est encore sous morphine. L'atèle extérieure n'est plus là. Il faudra attendre son réveil pour enlever les bandages. Ce sera fait le lendemain.

Le docteur Gilbert examine le menton :
"Ca fait mal ici, Marcel ?"
"Un peu, mais c'est supportable."
"Ouvre la bouche."
Le médecin plonge deux doigts pour s'assurer qu'il n'y a pas de blessures ouvertes ou saignantes.
"Allez ! Encore quelques semaines de rééducation et tout devrait bien aller."

Pendant la rééducation, Marcel demande à voir le médecin :
"Docteur, je crois que ma mâchoire n'est pas bien accrochée."
"Fais-moi voir."
Le médecin pose les mains sous les mâchoires de Marcel et tâte longuement.
"Oui, il y a un petit flottement."
"Oui, ça flotte un peu."
"Ca fait mal ?"
"Oui, un peu, mais je supporte."
"Marcel, tu n'es pas une tête de bois. Alors, je vais t'expliquer avec le plus d'honnêteté possible : on ne peut plus opérer. Les

chairs sous ta mâchoire ont trop soufferts.
On ferait plus de mal que de bien."
"Alors, je reste comme ça ?"
"Ca t'embête ?"
"J'ai parfois l'impression que ma mâchoire
va tomber ou que ma bouche est grande
ouverte."
Le médecin continue son examen et
réfléchit en même temps :
"Pourquoi pas une mentonnière ?"
"C'est quoi ça ?"
"Un petite poche qui soutient le menton et
qu'on attache aux oreilles."
Marcel est dubitatif.
Le docteur appelle son assistante :
"Allez à l'intendance et ramenez moi des
mentonnières."

Quelques minutes plus tard, Marcel essaie
les différentes mentonnières. Le médecin se
transforme en marchand ambulant et fait
l'article de chaque modèle.

"Alors, Marcel, tu as fait ton choix ?"
"Non. Pas vraiment."
"Bon, Marcel, prends en une en cuir. C'est
plus solide et deux en tissus, c'est plus
léger. D'accord ?"

Marcel ramasse les objets sur la table, sans
savoir qu'ils deviendront les accessoires de
sa vie.

Nous sommes au mois de décembre 1917 et Noël approche.

Marcel est appelé dans le bureau du docteur Gilbert :
"Bonjour Marcel. Comment vas-tu ? Et comment va cette mâchoire ?"
"Ca tient."
"Marcel, j'ai une bonne nouvelle pour toi : tu peux quitter l'hôpital ! Les derniers examens sont bons. Tu peux rentrer chez toi !"
"Ah oui ? Et je fais comment ? Mon pays est occupé par les allemands. Vous croyez qu'ils vont me laisser passer ?"
"Merde. J'avais oublié : tu n'es pas français. Tu n'as pas d'endroit où aller?"
"Non. Je n'ai pas de famille et je n'ai pas de nouvelles de mon sergent. Je ne sais pas où sont mes amis."
"Tu pourrais rejoindre ton Roi à Coxyde."
"Pour faire quoi ? Vous savez très bien que j'ai été déclaré inapte au combat. Je vais faire le gratte-papier comme des milliers d'autres blessés? En attendant la fin de la guerre ? Non merci."
"Excuse-moi, Marcel. Je n'avais pas pensé à tout ça. Tu sais ce que tu veux faire ?"
"J'ai une petite idée, mais vous devez être d'accord."
"Dis-moi, Marcel. Si je peux t'aider ..."
"Je voudrais bien rester ici et aider mes petits monstres. Ils m'appellent le beau Marcel. Ils sont bien plus mal en point que

moi. Et puis, cela soulagera Sœur Thérèse,
je pourrai l'aider à toutes sortes de tâches."

Le médecin est étonné. C'est la première
fois qu'un patient veut rester à l'hôpital :
"C'est très généreux de ta part, Marcel.
Mais il y a un problème: je pourrais avoir
besoin de ton lit pour un nouveau blessé."
"Vous avez bien un petit cagibi où je
pourrais dormir, non ?"
"Tu as vraiment envie de rester, hein !"
Marcel sourit.
Le docteur reprend :
"Ton sourire, c'est parce que tu es content
ou cela fait partie de la rééducation ?"
"Les deux, mon général."
"Allons donc ! Je vais appeler Sœur Thérèse
et lui présenter son nouvel assistant. Je
suis sûr qu'elle sera ravie."

*

"C'est pour ça que Marcel connaissait si
bien les soins et les médicaments?"
demande Françoise à Louise.

"Eh oui. A tout malheur ..."

"En tout cas, cela nous a bien servi. Enfin, surtout à moi. Sans lui, je crois que je serais morte. Tu ne te souviens pas ?"

"Non, je n'étais pas là. J'avais un nouveau fiancé."

"Eh bien, Marcel lui était là. Il est directement parti à pied chercher une pharmacie. Il a traversé la moitié de la ville. C'était un dimanche soir et il est revenu à temps … avant que je n'étouffe."

"Et qu'est ce que tu avais ?"

"Une poche de sang sur la gorge. Ca avait soudainement gonflé et j'avais de plus en plus de mal à respirer."

"Et Marcel, qu'est ce qu'il a fait ?"

"Il a ramené une douzaine de sangsues et les a placées sur la poche de sang. Ces sales bêtes se sont régalées. Régulièrement, Marcel enlevait une sangsue et la plongeait dans l'eau salée pour la faire dégorger. Et retour à la poche de sang. Après vingt minutes, je pouvais à nouveau respirer normalement. Après deux heures, c'était fini. Il m'a fait boire un liquide visqueux. Et voilà !"

"Merci Marcel." conclut Louise.

*

Marcel prend sa nouvelle mission très au sérieux. Toute la journée, il aide sœur Thérèse. Les monstres de Marcel sont contents que leur camarade reste avec eux.

La fin de l'année approche et Marcel, avec le sourire de sœur Thérèse et l'approbation du docteur Gilbert, veut organiser quelque chose de spécial pour la veillée de Noël.

Pour la première fois depuis un an, Marcel sort du domaine hospitalier pour entrer dans la forêt. Il cherche un buisson ou un petit arbuste, pour faire office de sapin, comme dans les tranchées en 14. Il jette son dévolu sur un petit arbuste plein de boules rouges.

Il installe son arbuste sur la grande table au centre de la chambre et installe des petites bougies tout autour. Ce soir, le repas est agrémenté de poulet bouilli, pour sortir de l'ordinaire. Marcel fait le tour des lits pour aider ceux qui ne peuvent pas manger seuls.

Cela sent toujours la morphine et l'éther, mais il y a un petit parfum de Noël et tout le monde essaie de sourire. On fait la paix avec ses plaies. Quelques chants de Noël seront fredonnés pendant la soirée. Un peu de vin est distribué.

Le docteur Gilbert entre dans la chambre, s'installe à la grande table et se verse un verre de vin : "Messieurs, ma sœur, je vous souhaite un joyeux Noël."

Tous ceux qui le peuvent, lèvent leur verre à la santé du docteur et souhaite joyeux Noël.

"Les nouvelles du conflit ne sont pas trop mauvaises : vous savez que les premières troupes américaines sont arrivées sur notre sol au printemps de cette année. Après avoir installé toute la logistique, casernes, ports et aéroports militaires, plus les chemins de fer. Les soldats américains se sont formés aux armes françaises et nos plus grandes usines d'armement leur ont livré tout ce dont ils avaient besoin : canons, obus, fusils, balles et chars d'assaut.

Et début novembre, les américains sont partis à l'assaut des allemands. Cela m'étonnerait qu'on fête Noël l'année prochaine sans un drapeau blanc. En tout cas, ce que je nous souhaite à tous."

Il lève à nouveau son verre, s'éclaircit la gorge et continue :
"En tout cas, les américains semblent adorer Noël. J'ai reçu des coups de fil d'une demi-douzaine de collègues chirurgiens qui travaillent avec les contingents américains.

Toutes leurs casernes sont décorés, ils chantent des chansons de Noël sans arrêt et depuis ce matin, des dindes énormes cuisent dans les fours. Les dindes sont vraiment énormes, paraît-il. Ils ont du les apporter avec eux, parce que les dindes chez nous ne sont pas aussi grosses."

Tout le monde rit et le docteur Gilbert sort de la chambre, saluant avec son verre et ponctuant le geste par un dernier "Joyeux Noël."

Assis sur son lit, Marcel se rend compte qu'aucun de ses monstres n'a de visiteurs en cette veillée de Noël. D'ailleurs, il n'a jamais vu de visiteurs dans la chambre. Peut-être les monstres ne veulent pas être vus ... tout simplement. Ah oui, il se souvient. I y a quelques mois. Une visiteuse était entrée dans la chambre. Sœur Thérèse lui avait indiqué le lit où son mari dormait. En s'approchant, elle a eu un cri d'épouvante et elle est partie en pleurant. On ne l'a plus jamais revue.

A partir du printemps 1918, les offensives américaines se multiplient et les allemands perdent de plus en plus de combats. Les armées du Keizer commencent à perdre du terrain.

C'est au mois de mai 1918 que Marcel a commencé à organiser les promenades dans le parc de l'hôpital. En fin d'après-midi, quand tous les autres patients de l'hôpital attentent ou mangent leur repas, Marcel sort ses "petits monstres" pour qu'ils prennent l'air. Cela ne peut faire que du bien. Avec l'aide de brancards et de chaises roulantes, tout le monde se retrouve dans le parc.

"Merci le beau Marcel"

C'est ce que Marcel a entendu le plus après la première promenade. Marcel est content et il sourit. Il a l'impression d'avoir fait le bien. Et il recommencera chaque jour pendant tout l'été.

Pendant ce temps-là, les combats font rage : les nouveaux canons français, plus puissants et plus précis, font des dégâts dans les lignes allemandes, les chars d'assaut Renault détruisent une par une les tranchées allemandes et aux commandes de toutes ces nouvelles armes, des troupes fraîches et bien formées : les soldats américains.

Tous les jours avant la promenade des monstres, Marcel passe par le bureau du docteur Gilbert pour lui voler le journal. Il le lit, assis sur un banc dans le parc de l'hôpital, en gardant un œil sur ses petits. Quand il a fini de lire son journal, il écrit quelques mots d'amour dans son carnet.

Ce jour-là, le docteur n'a pas laissé le temps à Marcel de lui voler son journal. Le médecin arrive dans la chambre des monstres et hurle : "La guerre est finie. L'armistice commence à 11 heures ce matin." Nous sommes le 11 novembre 1918.

Des cris de joie se font entendre partout dans l'hôpital. La nouvelle court de chambre en chambre. Tout ceux qui peuvent se déplacer déboulent dans les couloirs pour s'assurer que c'est bien vrai. Quand ils voient le gros titre en première page du journal, un sourire apparaît enfin sur leur visage, un sourire de soulagement.

Dès le lendemain, dans le bureau du docteur, Marcel demande au médecin:

"Docteur, vous croyez que je peux repartir dans mon pays?"
"Tu as toujours été libre, Marcel. Mais attends deux ou trois jours, je vais me renseigner. Je vais appeler l'hôpital militaire de Coxyde. Si ils me donnent le feu vert, tu pourras partir."
"Merci, docteur."

"Marcel, une dernière chose : ne pars pas
comme un voleur. Dis au revoir à tes petits
monstres."
"Bien sûr."

Deux jours plus tard, avant que les
nouvelles de Coxyde arrivent, Marcel va
recevoir une visite tout à fait inattendue.
Un soldat vient lui annoncer un visiteur qui
l'attend dans le parc. Surpris, Marcel
descend dans le parc et reconnaît, assis sur
son banc préféré, le sergent Bonmariage.

Ils se serrent vigoureusement la main et se
tapent sur l'épaule :
"Sergent Bonmariage."
"Soldat Marcel."
"Plus pour longtemps. Je pars bientôt à
Coxyde pour me faire démobiliser. Mais
vous, sergent, comment ça va ?"
"Comme tu vois, entier !"
Le sergent regarde avec attention le visage
de Marcel. Il voit bien que le coté gauche et
le coté droit ne sont pas tout à fait pareil,
mais cela ne lui semble pas dramatique.
"J'ai eu peur pour toi, Marcel. Mais je vois
que ce n'est pas trop grave."
"Non, ça va. Vous verriez mes camarades
de chambre. Mon dieu, les pauvres, ils sont
amochés et salement."

Ils vont s'asseoir sur le banc et continuent
leur conversation :

"Sergent, vous avez des nouvelles de mes amis ?"
"Tu n'as pas reçu ma lettre ?"
"Non."
"Ah ! Je croyais que tu savais déjà."
"Alors ?"
"Alors, Isidore est mort. Il était à découvert avec sa mitrailleuse et un avion lui a tiré dessus. Il a été touché à la tête plusieurs fois. Son crâne a explosé. Il y avait de la cervelle partout. C'était dégoûtant.
Fons, après un énième bombardement, a perdu ses nerfs. Il pleurait tout le temps. On lui parlait, il ne répondait pas. On l'a envoyé à l'arrière. Je ne sais pas où il est maintenant."
"Et Gros Jean ?"
"Gros Jean, il était avec toi quand tu as pris les éclats, mais tu l'as protégé avec ton corps. Donc, il a été peu touché, et pas au visage. On l'a aussi envoyé à l'arrière. Aux dernières nouvelles, ils l'avaient transféré à Coxyde. Il était inapte au combat. C'est tout ce que je sais."

Le sergent lui donne encore des détails du déroulé de la guerre, durant les derniers mois :

"L'hiver 17, on a vu les Sénégalais arriver dans nos tranchées. Les soldats faisaient une drôle de tête. La plupart n'avait jamais vu de noirs de leur vie. Les Sénégalais aussi faisaient une drôle de tête : ils n'avaient jamais eu aussi froid. Ils ont vite appris."

"Ils venaient d'où ces Sénégalais ?"

"Contingents militaires des colonies françaises. Et de sacrés soldats ! Ils savaient tirer, se battre, et tout et tout. Et courageux avec ça !"

"Pourquoi ils les ont fait venir ?"

"Y'avait plus personne à l'arrière pour remplacer les morts et les blessés. Surtout après l'hécatombe des missions suicides …"

"Des missions suicides ?"

"Oui, ils ont envoyés des soldats sur la "terre de personne" pour prendre les tranchées allemandes et il n'y avait quasi pas de soutien de l'artillerie. Pour les allemands, c'était du tir aux pigeons. Cela s'est arrêté quand Clémenceau est devenu président de la France."

"Quelle folie, cette guerre ! Moi qui croyais que cela n'allait durer que quelques semaines. Quatre ans !"

"Il y en a peut-être qui sont contents : ce sont les menuisiers. ils n'ont jamais construit autant de cercueils. Faudrait compter les cercueils pour connaître le nombre de morts."

"Et les blessés, sergent !"

"Bien sûr. Après ça, les hommes politiques et les officiers s'étonnent que des soldats entrent en mutinerie, que des soldats se mutilent, que des soldats se suicident, ... Ca, c'est l'enfer."

Le sergent Bonmariage reprend son souffle :

"Plus de la moitié de mes soldats du peloton sont morts ou blessés pour le reste de leur vie. Heureusement, ils ont arrêté les gaz meurtriers. Trop risqué. Au moindre mauvais coup de vent, tu te reprenais le gaz dans la gueule."

Marcel laisse parler le sergent. A l'évidence, il a besoin de vider son sac.

"Les fermes et les granges en brique aux alentours ont été toutes détruites. Il y même certains hameaux qui ont été complètement rasés. Mais, les munitions ont commencé à manquer de part et d'autre et les hommes aussi. Les survivants étaient épuisés. Personne ne pouvait gagner cette guerre. Je te raconte pas si on était content quand on a vu les américains arriver."

La conversation continue, mais Marcel est déjà distrait. Les détails meurtriers sont vraiment les dernières choses qu'il veut entendre. Il a les informations qu'il voulait. Maintenant, c'est sûr, il doit partir à Coxyde, retrouver son ami Gros Jean.

Le sergent et Marcel se quittent en se promettant de se revoir. Au dernier instant, il retient le bras du sergent :
"Merci, sergent Bonmariage. Merci pour tout ce que vous avez fait."
"Pourquoi ?"
"De vous être occupé de nous comme vous l'avez fait."
"C'était mon devoir de soldat et de sergent, Marcel."
"Merci quand même."
"Et on l'a gagné cette guerre !"
"Oui, mais à quel prix !"

Ils se serrent une dernière fois la main.

Le lendemain matin, Marcel prépare son paquetage. Il s'arrête à chaque lit, a un petit mot d'espoir pour chacun et s'en va. Il prend le train pour Coxyde et trois heures plus tard, il est à destination. A la gare, il demande la direction de l'hôpital militaire et part en ballade sur le front de mer.

A l'hôpital, il donne ses papiers militaires pour être démobilisé. Cela prend un peu de temps et il attend. Quand tout est réglé, il demande si il peut voir Gros Jean. On lui indique qu'il est déjà parti chez lui. Il l'a raté de peu.

De l'officier, il reçoit un tas de papiers avec toutes sortes d'informations : les aides qu'il peut obtenir et les refuges où il peut dormir. Et il y a justement plusieurs refuges à coté de l'hôpital et décide de rester deux ou trois jours … de toute façon, personne ne l'attend.

Il passe ses journées à se promener sur la digue, à regarder la mer et les vagues qui viennent mourir dans le sable ou s'écraser sur les brise-lames. Il profite des premiers instants de paix. Cela faisait quatre ans que ce simple mot de "paix" ne semblait pas réel.

A midi, il déjeune au restaurant et se régale de toutes les spécialités locales de son pays. Le troisième jour, il prend le train pour Bruxelles. Son plan est simple : il ira dans un refuge pour vétérans et blessés de guerre et demain, il ira voir la petite usine où il travaillait avant la guerre.

Dans le refuge, il y a beaucoup d'alcool et beaucoup de bagarres : du vacarme, des coups, des corps qui tombent et des bouteilles qui se cassent. Marcel tente de dormir.

Le lendemain, devant l'Atelier Saint Amand, il voit la grande pancarte, toujours en place : "Fabrication & Artisanat de Chocolat". Il entre et reconnaît quelques têtes. Plusieurs

ouvriers s'arrêtent de travailler et viennent accueillir Marcel avec chaleur. Il le félicitent sans modération. Attiré par le bruit, Léon, le patron, vient voir ce qu'il se passe et découvre Marcel. Il lui tend les bras : "Bienvenue, Marcel."
Marcel sourit : "On dirait que j'ai toujours ma place ici !"
"Mais, bien sûr, Marcel. Viens dans mon bureau."

Installés dans le bureau du patron, Léon décapsule deux bouteilles de bière et trinquent au retour de Marcel :
"Alors, tu reviens parmi nous ?"
"Bien sûr, monsieur Léon."
"Tu sais qu'Isidore est mort."
"Oui, mon sergent me l'a dit. Il m'a dit aussi que Fons avait craqué ses nerfs."
"C'est vrai. Il est ici."
"Il travaille ici ?"
"Oui, j'ai eu pitié de lui. Il balaie l'atelier."
Marcel se retourne, regarde à travers la vitre et voit Fons balayer l'atelier.
"Je vais aller lui dire bonjour."
"Marcel, tu vas être déçu. Il ne reconnaît personne."
Marcel a perdu son sourire, mais sort du bureau et se dirige vers Fons :
"Bonjour Fons"
Fons le regarde et dit : "Bonjour."
"Tu me reconnais ? C'est moi Marcel."
"Bonjour Marcel."

Aucune lueur dans les yeux de Fons. Il y a quelque chose de mort dans le regard. Tout est éteint. Quelque chose s'en est allé pour ne pas revenir. Il regarde sans voir. Il écoute sans comprendre. Il soulève et baisse les sourcils trop rapidement et trop souvent, puis ferme les yeux pendant quelques secondes et recommence à balayer.

Marcel est livide et retourne vers le bureau de Léon. Il préférait quand Fons lui cassait les pieds.

"Je t'avais prévenu, Marcel."
"Il est comme ça depuis longtemps ?"
"Depuis qu'il est revenu ici. Cela fait un an."

Marcel lâche un long soupir.

Léon tend la main à Marcel et lui donne une enveloppe.
Marcel lit : "Pour Marcel. De la part de Gros Jean."
"Gros Jean est venu ici ?"
"Ben oui. C'es pas moi qui ait écrit la lettre."

Il ouvre l'enveloppe et lit :

"Bonjour Marcel,

J'espère que cette lettre te trouvera en bonne santé. Je te donne mon adresse : Pâtisserie Gros Jean, place du petit Sablon. Tu viens quand tu veux.

A bientôt, j'espère.

Gros Jean."

Pas très bavard, le Gros Jean, se dit Marcel, mais c'est mieux que rien et puis il donne son adresse.
"Il travaille encore ici ?"
"Non. Ses parents sont morts de la grippe espagnole et il a repris la pâtisserie. Il fait du bon boulot. Ses gâteaux sont délicieux. Si il t'en propose, surtout ne dis pas non."

"Monsieur Léon, je vais y aller. Je reviens demain matin."
"Marcel, fais-moi plaisir : va à cette adresse."
Léon lui a tendu une carte de visite où il peut lire : "Confection pour hommes."
"Ce serait bien que tu abandonnes ta tenue militaire. Ca rappelle trop de mauvais souvenirs aux gens. Toutes les blessures sont encore ouvertes."
"Merci, monsieur Léon, mais je n'ai pas beaucoup d'argent."
"Tu demandes monsieur Arthur. C'est un ami. Il s'occupe des jeunes soldats. Son fils est mort au front. C'est sa façon à lui de faire le bien."

En même temps qu'il parle, monsieur Léon a mis quelques billets dans une enveloppe et la remet à Marcel.
"Mais ... "
"Pas de discussion."
"Merci, monsieur Léon."
"Où vas-tu dormir ce soir ?"
"Au refuge de l'armée."
"Demande à monsieur Arthur si il a encore une chambre libre au-dessus du magasin. C'est pas le grand luxe, mais, à mon avis, c'est mieux que les refuges."
"Je ne sais pas comment vous remercier, monsieur Léon."
"Reviens demain."

Ils se serrent la main et Marcel s'en va, sans oublier de se retourner vers Fons. Il lui fait un signe de la main. Fons aussi.

Dans l'après-midi, monsieur Arthur accueille Marcel dans son magasin. Il étreint Marcel, comme si c'était son fils :
"Alors, mon garçon, on rentre de la guerre ? Une belle saloperie, hein ! Allez, viens ! On va te rhabiller."

Une heure plus tard, après avoir pris les mesures de Marcel, des piles de vêtements sont alignées sur la table de confection. Il y a tout ce qu'il faut: pyjamas, vestes, pantalons, chemises, linge de corps, chaussettes, chaussures et même deux casquettes.

"Mais, monsieur Arthur, je ne sais pas quand je pourrai vous payer tout ça."

"Ne t'inquiète pas, mon garçon. On a le temps."

"Et comment je vais transporter tous ces beaux vêtements ?"

"Je vais demander à mon tailleur de nous aider. On va monter tout ça dans ta chambre."

"Ma chambre ?"

"Léon m'a dit que tu avais besoin de ..."

"Oui, oui. Mais j'abuse, monsieur Arthur."

"Pas du tout. Si on ne s'entraide pas, qui le fera, hein ?"

Dix minutes plus tard, Marcel est dans sa chambre au deuxième étage. Il ouvre la fenêtre et regarde les jardins intérieurs. Il n'y a pas de fleurs, c'est le début de l'hiver. Nous sommes au mois de décembre.

Après s'être lavé au petit lavabo de la chambre, Marcel enfile de nouveaux vêtements. Retour à la vie civile. Et part, d'un pas pressé, vers la pâtisserie de Gros Jean. Le temps a filé et il n'a pas envie de trouver porte close.

Il arrive à temps et voit Gros Jean derrière le comptoir. Il ramasse les invendus de la journée. Marcel pousse la porte et entre :
"Capitaine Gros Jean. Garde à vous."

Gros Jean sursaute et, voyant Marcel, éclate de rire. Il sort de son comptoir en boitillant et enlace Marcel dans ses bras.
"Oh, mon Marcel. comme je suis content de te voir."
"Et moi donc !"
Les retrouvailles sont pleines de vitalité, d'amitié et de rires.

Gros Jean ferme la porte à clé, éteint les lumières et emmène Marcel dans l'arrière boutique.

"Assieds-toi, Marcel. On va boire un coup. Tu veux du rhum ou une bière?"
"Du rhum ?"
"Ben oui. Je confectionne des babas au rhum. Donc, j'ai du rhum."
Marcel rit : "Je croyais que tu y avais pris goût à l'Auberge."
"Non. Non. C'est pour la pâtisserie. Même si j'en bois un petit coup de temps en temps."

Il y aura beaucoup d'éclats de rire ce soir-là, dans l'arrière boutique de la pâtisserie . Mais il faut bien manger et Gros Jean et Marcel décident d'aller dîner dehors. Le restaurant le plus populaire de la capitale, c'est "Chez Léon". La carte n'est pas très variée : il n'y a que des casseroles de moules, mais elles sont tellement bonnes. De plus, les casseroles sont grandes et les frites à volonté. Ils vont se régaler, ils le savent.

Le silence se fait pendant le repas, mais après, Marcel a une question :
"Gros Jean ... et Agnès ?"
"Agnès ? Tu l'as ratée de peu, ... Elle est rentrée chez elle."
"Chez elle ?"
"Oui. Enfin chez ses parents. Ils ne veulent pas qu'on vive ensemble. On n'est pas encore marié."
"Malgré les belles lettres qu'on a écrites ?"
"Elles ne sont jamais arrivées."
"Merde !"
"Eh oui ! Mais, ne t'inquiète pas, je t'invite mardi soir, la semaine prochaine. Pour dîner ! D'accord ?"
"D'accord, Gros Jean. A quelle heure ?"
"Vers 7 heures du soir. Et tu verras Agnès."

Après ce repas gargantuesque, Marcel et Gros Jean marchent ensemble dans les rues de la ville.

Marcel brise le silence :
"Dis-moi, Gros Jean, ça fait mal quand tu marches ?"
"Pas trop. Non. Et toi, Marcel, ça fait mal quand tu manges ?"
"Pas trop non plus."

Le lendemain, Marcel travaille à l'atelier de monsieur Léon. De temps en temps, il jette un œil sur Fons. Ce qu'il voit le désole. Fons balaie sans arrêt, autour de ses pieds. Parfois, il parle seul. Et il bouge les sourcils sans arrêt. Heureusement, les autres travailleurs le laissent tranquille.

A huit heures du soir, ce samedi, monsieur Léon frappe dans les mains et prévient tous les ouvriers qu'il est temps de s'en aller. Tout le monde se prépare et commence à partir, Fons aussi. Marcel le regarde partir et le suit du regard. Dehors, il voit une jeune fille qui prend le bras de Fons. Marcel est étonné. Monsieur Léon est derrière lui :
"C'est sa jeune sœur. Une bonne âme. Elle s'occupe de lui."
"Tant mieux pour lui. Pauvre Fons. Il doit se sentir bien seul."

Le lendemain dimanche, Marcel, malgré le froid, part se promener dans sa ville. Il passe de parc en parc. Il admire sa belle ville de mille ans et tous ses vieux bâtiments. Il est soulagé. Il s'en est sorti sans trop de dégâts. Il est passé entre les gouttes. Il n'est pas mort. Il n'est pas devenu fou. Il a la gueule un peu amoché, mais il marche droit.

Lundi, de retour à l'atelier, Marcel travaille à la maintenance des machines. Rien de bien passionnant, mais il est fier de son travail. Fons est toujours là sans vraiment être là. En fin de journée, Fons repart avec sa sœur et Marcel repart dans sa chambre.

Le lendemain, en arrivant à l'atelier, Marcel a le sourire. Il a un bon plan pour ce soir : il va dîner chez Gros Jean et il verra Agnès. Cela le met en joie. Il espère simplement que la future épouse de Gros Jean ne soit pas une pimbêche. Mais, il chasse vite cette mauvaise idée de son esprit. Connaissant Gros Jean et sa jovialité, il aura bien choisi. Pour bien se faire voir, Marcel a acheté une boîte de chocolat et un petit bouquet de fleurs. Il veut donner bonne impression et la première impression est toujours importante parce qu'elle est souvent la bonne.

A cinq heures du soir, monsieur Léon congédie tout le monde. Les ouvriers en chœur : "Merci patron."
Monsieur Léon reprend : "… et Joyeux Noël !"
"Joyeux Noël." reprennent-ils … sauf Marcel, qui reste bouche bée, il a oublié !
Monsieur Léon s'approche de Marcel :
"Alors, Marcel, on n'est pas content ?"
"Si, si. Mais j'ai oublié et ce soir, je vais manger chez Gros Jean."
"Ah oui ! C'est embêtant ça."

Il part immédiatement, il cherche une idée de cadeau, quelque chose à dire, à faire, à acheter, ... Quand il arrive chez lui, il se prépare pour le réveillon et en se jetant de l'eau chaude sur le visage, soudain il sourit. Il a trouvé.

A 19 heures, il frappe à la porte de la pâtisserie et Gros Jean vient lui ouvrir.
"Viens, Marcel, je vais te présenter Agnès."
Marcel donne les chocolats à Gros Jean, qui se régale déjà avec les yeux.
Dans l'arrière-boutique, Gros Jean donne un coup de coude à Marcel :
"Marcel, je te présente Agnès, ma future femme."
Agnès, aux fourneaux, se retourne.
"Agnès, je te présente Marcel, l'homme qui m'a sauvé la vie."
Agnès s'approche de Marcel et lui tend les bras :
"On s'embrasse ?" demande Agnès.
"On s'embrasse !" répond Marcel.

Marcel donne les fleurs à Agnès et elle le remercie avec le sourire.

Tous les trois, assis à table, parlent à bâtons rompus. Ils commencent à plaisanter et rire. La glace est brisée. Marcel regarde attentivement Agnès: il la trouve jolie, elle a de belles joues comme

Gros Jean aime, elle aime rire, ça tombe bien, les deux amis aussi. C'est vrai qu'elle est un peu ronde mais pas trop. De toute façon, Gros Jean l'aime comme elle est.

Après le repas traditionnel de Noël, dinde farcie avec airelles et purée de pommes de terre, ils dégustent une bûche de Noël, préparée par Gros Jean, un délice de légèreté, de chocolat et de sucre.

Evidemment, Gros Jean propose un petit verre de rhum et Marcel se dit que c'est le bon moment pour offrir sa surprise. Il plonge la main dans la poche intérieur de son veston et en sort un paquet de feuillets en désordre.

Il regarde Agnès et lui dit :
"Gros Jean m'a dit que ses lettres d'amour n'étaient jamais arrivées."
"Hélas non." répond Agnès.
"Dans les tranchées, quand j'ai vu les belles lettres d'amour que Gros Jean écrivait, je lui ai demandé l'autorisation de les recopier. Je n'ai jamais écrit de lettres d'amour."

Gros Jean regarde Marcel et n'en revient pas de l'aplomb avec lequel ment son ami. Mais il ne contredit pas sa version de l'histoire.

"J'ai retrouvé tous ces papiers dans mes affaires et j'aimerais bien te les offrir : ce sont les mots d'amour de ton futur mari."

Agnès prend la pile de papier et chuchote un petit merci. Elle regarde Gros Jean et, après quelques secondes, commence à lire. Marcel et Gros Jean se regardent et restent silencieux. Agnès tourne les pages et parcourt les lettres d'amour et les mots tendres :

"Le temps sans toi est trop long. Il s'étend pour ne pas finir. Il s'épaissit pour ne plus bouger."

Elle tourne une page …

"Nos promenades heureuses et riantes sont encore et toujours mes plus beaux souvenirs. Je revois les rayons de soleil à travers les feuilles jaunies des marronniers. Je sens encore ta main dans ma main. Et j'entends toujours ton petit rire coquin."

Quelques pages plus loin …

"Dans mes rêves, quand je peux rêver, je voyage vers toi. Je suis dans un pays inconnu, mais tu es toujours ma destination. C'est le seul élan que j'ai. Et quand je te retrouve, je suis enfin apaisé. J'aimerais tant t'embrasser."

Plus loin ...

"Je ne peux plus garder pour moi ce battement de cœur qui me bouleverse et qui m'emporte. Je voudrais tant le partager avec toi. Et je ne veux pas croire que tu ne le sentes pas."

Plus loin encore ...

"Je me saoule de toi, de ton âme et de ton sourire. Mes bras t'appellent pour que tu viennes te blottir contre moi. Encore et encore. Je rêve et j'espère. C'est tout ce que je peux faire pour l'instant, mon amour."

"Quand la guerre sera finie et elle finira un jour, la route vers toi sera la route du bonheur. Et ce sera une route sans fin. Une route de vie."

"Agnès, sois en sûre de tout ton cœur : Je t'aime. Mais, m'aimeras-tu en retour ? Et si je reviens blessé ? M'aimeras-tu encore ? Et quand je vieillirai, m'aimeras-tu toujours ?"

Le florilège de mots doux et de lettres d'amour est incessant et il y en a encore des feuilles et des feuillets. Agnès s'arrête de lire et pose le tout sur la table. Elle garde la tête baissée et quand, finalement, elle regarde Gros Jean, les deux hommes voient des larmes dans ses yeux.

"Mon Gros Jean, tes lettres d'amour sont les plus belles lettres d'amour de l'histoire des lettres d'amour."

Gros Jean sourit. Agnès se lève et vient embrasser l'homme de sa vie.
Marcel, toujours à table, détourne les yeux et continue à boire son petit verre de rhum. Il entend les tourtereaux chuchoter et se dit que c'est probablement le moment de partir :

"Je vais laisser les amoureux tout seul."

Gros Jean se retourne : "Tu es sûr ?"
"Oui, je suis sûr."
"Il n'est pas encore minuit !"
Mais Marcel est déjà dans la boutique et ouvre la porte de rue. Gros Jean l'accompagne dehors.

"Marcel, merci pour ce gros mensonge."
"Petit mensonge : j'ai juste mis tes mots en musique."

Ils se serrent la main et Marcel pose un doigt sur la bouche :
"Motus et bouche cousue."
"D'accord, Marcel."
Ils s'enlacent, se souhaitent un très joyeux Noël et se quittent.

Marcel traverse la rue et se retourne pour regarder la pâtisserie. Il se demande si Agnès va retourner chez ses parents ce soir. Il attend deux ou trois minutes et voit la lumière de l'arrière-boutique s'éteindre. Il sourit et se dit qu'il y aura bientôt un mariage.

Marcel reprend sa route. Il part vers sa chambre où il dormira seul. Un jour, pas si lointain, il trouvera une femme qu'il aimera et qui l'aimera en retour. Il en est certain et peu importe ses blessures.

En chemin, il passe près de trois églises qui font sonner toutes leurs cloches. Il est minuit et c'est Noël. Le jour où le monde fait la paix. Le jour où l'amour sur terre se joint à l'amour du ciel. Pour le bonheur de tous.

*

Françoise et Louise sont enfin arrivées à destination et descendent du tramway.

En marchant dans la rue avec Louise, Françoise recommence à parler :

"C'est vrai que Marcel a toujours aimé Noël."
"Oui, tu te souviens les arbustes bizarres qu'il utilisait comme sapin."
"Oui ! Tous les ans, il sortait de la ville et ramenait de la forêt un arbuste qu'il plantait dans un pot au milieu du salon."
"Et Jeanne décorait le petit arbuste plein de guirlandes."
"Oui, cela lui rappelait qu'il avait traversé l'enfer, mais qu'il avait eu quelques instants de répit … juste un petit moment de paix … à Noël."

*

*

*

Mot de la fin

A l'issue du premier conflit mondial, toutes les forces belligérantes comptent leurs morts et arrivent au chiffre astronomique de 10 millions de pertes humaines. Le surnom de "grande guerre" vient de là.

Mais, comme si la mort n'était pas rassasié, à partir de mars 1918, la grippe espagnole envahit le monde et tue encore quelques dizaines de millions d'hommes et de femmes.

Mais, comme si la folie des hommes n'avait aucune limite, vingt après le premier conflit mondial, la seconde guerre mondiale marche à grand pas vers l'hécatombe de plus de 70 millions de morts.

Serons-nous plus sage demain ?

Le 11 novembre 2018, cent ans après la fin de la Première Guerre mondiale, Anita de Hohenberg (arrière petite-fille de François-Ferdinand de Habsbourg, le prince assassiné à Sarajevo) et le cinéaste Branisalv Princip (descendant de

Gavrilo Princip, le nationaliste serbe qui tua le prince) se sont rencontrés à Graz en Autriche.

Cette entrevue, émouvante pour les deux descendants, a été surnommée par la presse autrichienne et serbe : « Les Mains de la Paix »

Il n'est jamais trop tard pour faire la paix. Et pour faire la paix, rien de mieux que Noël.

*

POSTFACE

<u>Les Etats-Unis d'Amérique pendant la première guerre mondiale</u>

Presque trois ans après le début du conflit, le 13 juin 1917, le général Pershing et le capitaine Patton débarquent à Boulogne-sur-Mer avec moins de deux cents hommes. Dans ce petit port du Nord de la France, ils sont accueillis par une foule en liesse. Ils n'ont encore rien fait et ils sont déjà des héros.

Mais pourquoi si tard ?

Dès le début du conflit, les américains ne veulent pas entendre parler d'une intervention militaire en Europe. Depuis plus de cinquante ans, la politique américaine est essentiellement isolationniste et est soutenue par le président Woodrow Wilson.

Après la crise de juillet 1914 et le début du conflit, le président américain déclare officiellement la neutralité de son pays. Nous sommes le 19 août.

Néanmoins, l'Amérique apporte son soutien à la France et l'Angleterre. Nourriture et armement sont transportés par bateaux vers l'Europe, au grand agacement de l'Allemagne.

En 1915, un paquebot britannique est coulé par un sous-marin allemand. Suite au décès de 114 américains parmi les 1 198 victimes civiles, le président Wilson adresse une protestation à l'Allemagne. Sans conséquence.

Mieux, l'Allemagne n'hésite pas à organiser des attentats terroristes et faire exploser des usines d'armement sur le territoire américain. Mais rien n'y fait. La neutralité américaine se confirme.

Lors de la campagne électorale présidentielle de 1916, Woodrow Wilson répète à l'envi son slogan : « Grâce à moi, l'Amérique est restée en dehors du conflit européen ». Il est élu pour un second mandat, mais le président sait que ce sera difficile de rester neutre face à cette guerre.
La neutralité devient une neutralité armée.

Début 1917, le président américain plaide pour une paix sans vainqueur. Au même moment, l'Allemagne décide d'une guerre marine et sous-marine totale ! L'agacement américain monte d'un cran. Tout le monde sait que des centaines de bateaux américains de marchandises naviguent dans les eaux du conflit.

Quelques jours plus tard, une communication diplomatique entre l'Allemagne et le Mexique est interceptée et déchiffrée par les services secrets. L'Allemagne propose son aide financière au Mexique pour la reconquête des territoires perdus du Texas, du Nouveau-Mexique et de l'Arizona. Cet épisode restera dans les livres d'histoire sous les nom du "télégramme Zimmerman".

Comme si cela ne suffisait pas, l'Allemagne envoie au fond de l'océan plusieurs bateaux marchands américains, tuant ainsi des milliers de compatriotes. Cette fois, l'opinion américaine est retournée et soutient le président Wilson quand il demande l'approbation du congrès pour déclarer la guerre à l'Allemagne.

La décision est votée : c'est la guerre ! Nous sommes le 6 avril 1917.

La conscription est votée et fait passer les effectifs militaires de 200.000 hommes à 4 millions. Seuls, 2 millions de soldats traverseront l'Atlantique.

La machine de guerre est lancée et plus rien ne pourra l'arrêter.

Après l'arrivée de Pershing et Patton avec un petit contingent de soldats, les choses vont s'accélérer. Pas moins de dix-huit ports en eaux profondes sont identifiés pour les débarquements d'hommes et de matériel. Le 26 juin 1917, les premiers bâtiments d'un convoi parti de New York y amènent près de 15 000 hommes. Pendant plusieurs semaines, l'arrivée des soldats est quotidienne.

Immédiatement et pendant plusieurs mois, les soldats américains s'occuperont de logistique : création de ports artificiels avec docks flottants pouvant accueillir plus de vingt bateaux en une fois, construction de dizaines casernes, de pistes d'atterrissage et de chemins de fer reliant tous les ports et les camps de soldats.

Les français accueillent chaleureusement tous les soldats américains. Ce sont de très bons clients et peut-être de futurs maris.

L'accord entre la France et l'Amérique prévoit la fourniture de chars d'assaut et d'artillerie de toutes dimensions avec les obus. En fait, l'armée américaine a débarqué en Europe sans armement lourd.

Ils n'ont que des fusils et des armes de poing.

La formation des soldats américains se fait par des officiers français avec l'aide de certains industriels. Fin octobre 1917, toute la logistique militaire est prête et début novembre 1917, les premiers engagements de l'armée américaine débutent. Les nouveaux canons, puissants et précis, font merveille, mais l'arme qui fascine le plus est le char Renault FT. Ce véhicule blindé, avec chenilles débordantes et tourelle pivotante, fait des miracles sur les champs de bataille.

Le char traverse les tranchées, écrase les fils barbelés et cassent les lignes allemandes. Chaque jour de nouveaux engagements commencent. Chaque semaine, de nouvelles batailles sont gagnées. Les allemands reculent, mais ne se résignent pas encore.

Le 8 janvier 1918, le président Woodrow Wilson présente son programme de paix en quatorze points et la création de la Société des Nations S.D.N. (ancêtre des Nations Unies).

Pendant ce temps en Allemagne, une grève générale des ouvriers commencent, mais l'armée allemande ne désarme pas et bombarde la capitale française avec la

"Grosse Bertha" (Paris Gun), un canon capable de tirer des obus à plus de 100 kilomètres.

A partir de l'été 1918, les forces allemandes commencent à s'essouffler et reculent enfin. La ligne de front allemande, appelée "ligne Hindenburg", est définitivement brisée. Le Keizer tentent plusieurs paix séparées pays par pays, mais sans succès. De plus, la colère gronde dans son pays : les révoltes et les grèves se multiplient et s'organisent dans toutes les grandes villes du pays.

Le 29 octobre 1918, les hommes de la marine allemande se mutinent à Kiel et, à partir de là, les événements politiques, militaires et révolutionnaires vont s'accélérer jusqu'à l'abdication du Keizer, la proclamation de la république de Weimar et la signature de l'armistice du 11 novembre 1918.

Le président Wilson se rend à Paris pour travailler à l'élaboration du "Traité de Versailles", lui-même basé sur les 14 propositions de paix de Wilson, mais il sera rapidement marginalisé.

Après quelques semaines de négociations, il repart vers Washington D.C., sans oublier de rendre une visite solennelle au Roi Albert I pour le féliciter de sa bravoure pendant le conflit et l'invite officiellement en Amérique.

De retour dans son pays, le président Woodrow Wilson ne parviendra pas à convaincre le congrès de ratifier le "Traité de Versailles". L'Amérique n'entrera pas dans la S.D.N.

Il faudra un deuxième conflit mondial pour que l'Amérique entre définitivement dans le concret international des grandes nations.

*

Une dernière chose avant de partir :

Le 4 juillet 1917, partout en France, la "Fête Nationale Américaine" est célébrée par les soldats américains, auxquels se joignent les soldats français, les autorités civiles et la population.

A Paris, au cimetière de Picpus, devant la sépulture d'un célèbre marquis, toutes les officiels prononcent des discours. Se succèdent notamment le colonel Stanton, commandant la mission militaire américaine, le général Pershing, commandant le corps expéditionnaire américain en France, le maréchal Joffre, Paul Painlevé, ministre de la Guerre et William Graves Sharp, ambassadeur des États-Unis en France.

Le colonel Stanton fera un discours qui restera dans les mémoires.

Il le fait en l'honneur du *"héros des deux mondes"* :

« Je regrette de ne pas pouvoir m'adresser à la population française dans la belle langue de son loyal pays.

Le fait ne peut pas être oublié que votre nation est notre amie quand l'Amérique s'est battue pour son existence, quand une poignée d'hommes courageux et patriotes ont été déterminés à défendre les droits de leur Créateur leur avait donné -- que la France est venue à notre aide en paroles et en actes.

Ce serait de l'ingratitude de ne pas se souvenir de cela et l'Amérique ne fera pas défaut à ses obligations...

Par conséquent, c'est avec une grande fierté que nous embrassons les couleurs en hommage de respect envers ce citoyen de votre grande République, et ici et maintenant dans l'ombre de l'illustre mort, nous l'assurons de notre cœur et notre honneur pour donner à cette guerre une issue favorable.

Lafayette nous voilà ! »

Mais ceci est une autre histoire ...

Du même auteur :

- Un Petit Lit pour Deux

- Ernest et Salomon

- Le Baiser du Rat

www.ingramcontent.com/pod-product-compliance
Lightning Source LLC
Chambersburg PA
CBHW052112150726
48002CB00006B/2319